JN438644

비 내리고 그치다

비 내리고 그치다

이동이 제3수필집

| PROLOGUE

비가 내린다.

우렁우렁 퍼붓는 빗소리가 참 좋다.

가만히 들어보면 저 혼자만의 소리가 아니다. 바람의 살을 비비고, 나무의 결을 훑고, 넘실대는 파도의 염원과 부딪히는 소리들이 모였다. 때를 기다린 땅은 빗줄기를 넉넉히 받아들이고 식물은 촘촘히 제 품으로 거둬들인다.

불을 끄고 내 스스로가 어둠이 되어 졸다가 깨다가, 남포석 벼루 같은 어둠에 내 모두를 묻어버린 때도 있다. 돌들도 물속에서 돌아눕는 밤이면 방안에 들인 빗소리는 저들끼리 갈증을 푼다. 창문만 키워놓고 아무도 오지 않는 방에는 장대비의 박음질 소리만 가득하다. 건너편 건물의 벽체엔 빗물이 흘림체로 내 할 말을 다 써 내려간다.

비 그친 후,

수액을 빨아올리는 생목들의 힘살에 힘주어 뻗어나간 가지마다 구름이 쓸려간다. 하늘도 맑고 산뜻하다. 청량한 기운은 숨죽여있는 열망을 깨우고 선물 같은 하루를 부여한다.

비 내리고 그치는 자연의 순리는 내 삶과 닿아 있어 일희일비에 연연하지 않으려한다. 삶의 허기를 글로 채울 수 있어서 기쁘고, 좋은 인연들이 있어서 감사하다.

2019년 가을

이동이

| CONTENTS

PROLOGUE…5

제1부 누룽지

13 주황색 예찬
17 밉동이
22 검정 고무신
28 누룽지
33 몸의 신호를 듣다
39 지네
45 자전거의 궤적
50 다시 꽃 피워볼까
55 유화 한 점

제2부 오이냉국

63 야관문주夜關門酒에 끌리다
69 외숙이 언니
74 오이냉국
79 고르고
84 커튼을 열다
91 비 내리고, 그치다
97 꽃물 든 숫돌
101 캐리커처
106 눈치 백단
112 오작동

제3부 연결고리

121 산귀래별서山歸來別墅 단상
126 연결고리
131 용지호수를 사랑하는 사람들
141 푸른 신호등
146 고렐리 휴화산에 오르다
152 해후
162 붉은 방점, 하늘을 찍다
168 쿠무타크사막
172 바람의 화원

제4부 상생

185 트롯, 그 신명나는 노래
189 밤 줍기
195 바늘 길
201 안경
206 노인의 뒷모습
212 끝날 때까지 끝나지 않았다
216 상생
219 사각지대
224 잉어찜, 그 특별한 맛이란

| 작품해설 | 〈바늘 길〉
230 문학과 삶의 길항작용—김지헌
〈산귀래별서山歸來別墅 단상〉
240 미적 경험의 해석 방식—허상문

제1부

누룽지

적당한 마음의 온도는 서로의 친밀도를 높여주어 차츰 구수한 맛과 알맞은 색깔을 갖게 해준다.

주황색 예찬

성산 아트홀에 전시된 화가들의 그림을 감상할 때가 있다. 다양한 색채가 관람객의 시선을 끌기도 하지만 나는 유독 주황색으로 표현된 작품들을 만나면 가슴이 뛴다. 그럴 땐 우연한 기회에 본 앙리 마티스의 〈춤〉이란 작품이 떠오른다. 원색의 강렬함과 보색의 적절한 대비로 이루어진 그것은 녹색과 파랑 바탕에 주황색의 간단하고 명료한 선이 음악에 맞춰 춤을 추는 여인을 표현하고 있기 때문이다.

주황은 밝음의 색이다. 화합과 소통을 나타낸다. 정열을 나타내는 빨강과 희망을 나타내는 노랑이 혼합되어 있어 따스하고 안정된 느낌을 준다.

가끔 색으로 사람의 성향을 말할 때, 주황색을 좋아하는 사람은 재치가 있고 친화력이 있다고 한다. 콧노래를 즐겨 부르는 멋과 흥을 안다고 하니 그야말로 주황은 행복을 부르는 색이 아닐까.

어느 색채학자는 주황색을 일컬어 즐겁고 생동감이 있으며 에너지가 넘치는 활력의 색이라고 했다. 우울하거나 심적 스트레스를 받고 있는 이에게 당근주스를 권하면 좋다고 하는 것도 단지 영양분 때문만은 아닐 터이다.

넓은 밭에서 당근을 채취하는 풍경은 참으로 아름답다. 검은 흙 사이로 밝고 선명한 주황색 당근이 뽑혀 나오는 그 싱그러움을 어떻게 말하랴. 담장 너머로 넌출거리는 능소화의 빛깔도 한 계절을 능히 현혹하고도 남음이 있으며, 여름의 끝을 누르는 넉넉한 품의 호박도 그에 버금가리라.

바느질을 잘하는 지인이 내게 주황색이 잘 어울릴 거라며 개량한복을 지어준 적이 있다. 남색 치마에 주황색 저고리를 입으면 어쩐 일인지 화색이 돈다는 말들을 했다. 그런 얘기가 듣기 좋아서 이십 년이 훌쩍 넘은 지금까지도 명절 때면 그 옷을 꺼내 입는다.

그녀가 선택해준 색 때문인지 그 이후 구매한 스카프며, 옷, 가방, 운동화는 주황색 일색이다. 무의식 속에서도 색에 대한 끌림이 있었나 보다. 유럽 여행 중 성소피아 성당에 들렀을 때 우연찮게도 머리끝에서 발끝까지 주황색 차림이었다. 화사한 색상으로 기분이 고조되어 강렬한 햇볕도 아랑곳없이 활기차게 다녔다. 어느 순간 외국인 여성들이 다가와 함께 사진 찍기를 원했다. 덥석 팔짱을 끼고 자연스럽게 포즈를 취하는 그들도 분명 주황색의 매력에 빠졌던 게다.

첫눈이 올 때까지 손톱에 물들인 색이 남아있으면 첫사랑이 이루어진다던 봉선화 꽃물도 주황색이며, 요리한 음식을 주황색 그릇에 담으면 더 맛있게 느껴진다는 얘기도 왕왕 들었다. 늦가을 시골 동네 어귀에 서 있는 감나무에 주렁주렁 달린 감도 파란하늘과 대조를 이루어 찬란하게 빛났으며, 제주도 서귀포에서 본 감귤은 초록잎에 싸여 또 얼마나 싱그러웠던가. 또 서해 꽂지 해변에서 본 커다란 햇덩이가 하늘을 물들이며 천천히 바닷속으로 빠져들던 그 아름다운 낙조도 주황빛이 아니던가.

아무래도 이 기막힌 색에 매료되어 있는 한, 내 안목의 평정을 찾기는 힘들지 싶다.

밉동이

철학관과 작명소가 성업 중이다. 법원의 허가를 얻으면 이름을 개명할 수 있게 되자 인생에 좋은 영향을 미치는 이름으로 변경하려는 사람이 늘고 있다. 좋은 이름으로 개명하려면 수리오행에 만족스러워야 하고 사주에도 잘 맞아야 한다고 한다. 사주명리철학과 성명학, 81수 영동력을 보고 지으니 이름의 위력은 대단하다. 이름은 자신의 겉옷과 같으며 그 사람의 인격이기도 한 만큼 무엇보다 많이 쓰고 많이 불려져야 효력이 나타난다.

"동이동이 양동이, 물동이, 앞으로나 뒤로나 같은 전차."

모처럼 만나는 원로 수필가는 반가움의 인사로 나를 이렇게 부른다. 그러면 주변에 있는 분도 덩달아, 얼굴도 동글동글 이름도 동글동글 이라며 한 수 더 거든다. 별명 같은 우스개에 부끄러워 얼굴을 붉히다가도 친근하게 불리는 이름이라 생각하면 도리어 미소를 짓게 된다.

문단에 이름을 올린 후부터 그 익살스런 멘트는 나의 이미지가 된 셈이다. 날카롭고 모난 것보다는 부드럽고 둥근 이미지가 마음을 푸근하게 만들듯 내 이름의 어감이 둥글게 느껴진다면 다행한 일이다. 한편으론 '이동이 편리한 침구' '이동 화장실' '이동로' 이런 글귀가 보이면 내 이름자가 참 다양하게 쓰이는구나 싶어 예사로 보지 않는다.

어제 행사장에서 뵌 분도 내 이름을 듣고는 재밌는 얘기를 들려주었다. 예전에 앞뒤가 같은 광고번호가 있었는데 성희롱으로 회자되자 다시는 그 번호를 쓰지 않았다고 한다. 일테면 앞뒤가 같다는 말은 편편한 등처럼 가슴도 깎아 놓은 절벽 같다는 말이었다. 정말 해석에 따라 의미가 달라지니 여성의 입장에서는 기분이 언짢을 수도 있겠다. 하지만 그렇게 민감하게 받아들인다면 창의적인 발상을 어떻게 할까. 나름대로 참신한 아이디어였을 텐데 두루 쓰이지 못했으니 세상일이 녹록지 않다는 것을 보여준 셈이다.

또한 앞뒤가 같다는 것은 어떤 일을 할 때 일관된 태도를 말하기도 한단다. 자신의 이익을 위해 앞에서는 선량한 척하고 뒤에서는 나쁜 짓을 일삼는 이중적인 인격, 그런 경우는 주변에서도 흔히 보는 일이었다. 잠시나마 격의 없이 걸쭉한 얘기를 주고받고 한바탕 웃음을 나눌 수 있었던 것은 앞뒤가 같은 내 이름 덕분이었다.

어릴 적 내 이름은 동화였다. 동녘東에 꽃花. '동쪽에 피는 꽃'이란 뜻이다. 어느 시인의 시처럼 누구든지 내 이름을 부를 때마다 그들의 입을 통해 한 송이 꽃이 피어나는 듯했다.

하지만 모두가 동화라고 부를 때 아버지는 밉동이라 불렀다. 위로 딸인 언니가 있기에 둘째는 아들이길 바랐는데 또 딸로 태어난 내가 섭섭했고 미웠던가 보다. 평소에는 말씀이 없다가

술잔을 기울이는 날이면 어김없이 밉동이 타령으로 어머니 속을 애태웠다. 어머니의 푸념과 한숨이 문턱을 넘나들었으나 그땐 그 이유를 알 수 없었다.

이웃에 장기를 두러 갈 때면 아버지는 나를 무릎에 앉혀놓고 주전부리를 챙겨주었다. 나는 아버지의 사랑받이인 줄 알았다. 간혹 내 머릿결을 쓰다듬으며 바라보던 눈빛이 지금 생각해보면 터를 잘 팔아달라는 간절한 염원의 눈빛이었던 것 같다. 그 이후 내 밑으로 남동생이 둘이나 생겼으나 밉동이라는 말은 아버지 입에 찰떡같이 따라붙어 다녔다.

열한 살 무렵 호적등본을 재정리하는 기간이 있었다. 낮술을 한 아버지는 동 직원에게 서슴없이 밉동이라고 알려줬다. 눈치 빠른 직원이 바로 알아듣고 동이로 기록한 것이 운명적인 내 이름이 되었다.

그렇게 며칠이 지났을 즈음 시주하러 온 스님이 내 이름을 묻고는 앞으로 세상에 떨칠 이름이라고 덕담을 하셨단다. 아버지가 엉뚱한 일을 하고 와도 역정을 내지 않던 어머니는 스님의 말씀을 곧이 믿으셨던가 보다. 그러고 보면 이효석의 소설

〈메밀꽃 필 무렵〉에 나오는 허 생원의 아들도 동이요, 몇 년 전 방영된 인기 사극 드라마의 주인공도 동이였다. 나와 같은 이름이 이미 많은 사람들에게 불리고 기억되고 있었다. 게다가 지인이 전해준 소식에 의하면 내 이름도 블로그에 올려 있다니 그 스님이 가볍게 흘린 말은 아닌 듯하다.

나는 동화와 동이 두 개의 이름이 있다. 어떤 이름도 부모님께서 지어주신 이름이라 정스럽고, 그 이름대로 내 운명이 풀리는 것 같아 겸허하게 받아들인다. 결국 이름은 주어지는 것이 아니라 스스로 만들어 가는 것이다.

아버지가 부르던 애칭이며, 삶을 둥글둥글하게 살아가라고 지어준 이름, 나는 밉동이다.

검정 고무신

얼마 전 지인이 꽃그림이 그려진 검정 고무신을 한 켤레씩 주었다. 오색물감으로 길어 올린 꽃들의 향연이 그곳에 있었다. 촘촘히 들어앉아 생글생글 웃기도 하고 무어라 수런대는 소리가 들리는 듯도 했다. 색의 대비는 물론 무생물에 생기를 불어넣은 그녀의 미적 감각이 놀라웠다.

각자에게 맞는 것이 주어졌을 때 발이 작은 내게 해당되는 사이즈는 없었다. 고무신은 보편적인 치수를 이용하기에 작은 치수는 구하기 어려웠던 게다. 여태 한 번도 발이 작다고 탓해 본 적 없었는데 이번 경우는 달랐다. 적잖이 아쉬웠다. 윤기 흐르고 알록달록한 고무신이 눈앞에 아른거릴 때마다 하릴없이 두 발을 매만졌다.

그런 내 마음을 알아차렸을까. 225mm 사이즈를 어렵사리 마련하여 전해왔다. 그녀의 수고와 정성을 떠올리며 검정 고무신을 마주하자 마음에 품었던 정인을 만난 듯 설레었다. 치솟는 감흥은 처음 대할 때와는 사뭇 달랐다. 코고무신처럼 오똑한 콧날은 없어도 편편한 콧등에 꽃단장을 하니 다소곳하고 엄전하다. 땅과의 충격을 되도록 자신이 떠안으려는 듯 말랑한 품도 너그럽다. 모양새가 흐트러지지 않게 뒤에서 다잡으니 섬세하기도 하다. 단아하고 귀티가 흘러 마치 평민이 양반으로 신분상승한 듯하다.

아무리 화려한 변신을 하여도 본래의 소박한 멋은 그대로 지니고 있다. 그래서 더 마음이 끌린다. 검정 고무신은 오래전 가슴에 새겨놓은 유년의 추억을 불러들인다.

열두 살 무렵 여름 방학 때 큰아버지 댁인 경북 무을에 갔다.

첩첩산중에 자리한 시골집에는 같은 또래인 사촌이 있었는데, 순박하기 이를 데 없었다. 뽀얀 피부에 물방울 원피스를 입은 나를 처음 봐서 머쓱했던지 흘깃 보고는 어디론가 가버렸다. 나 역시 사촌이긴 하지만 남자아이여서 부끄럽기도 하고 낯설어 멀뚱히 난간에 기대어 있었다. 댓돌에 가지런히 놓인 흰 코고무신과 검정 고무신은 큰아버지의 성품으로 일궈 낸 화목한 가정의 상징물 같았다.

잠시 후 사촌은 큰어머니가 내어주신 찐 감자 한 소쿠리를 대청마루에 올려놓고는 초승달 같은 눈웃음을 지었다. 햇볕에 반짝 드러난 가지런한 치아가 유난히 희었던 것이 아직도 기억난다. 모처럼 도시에서 올라온 나를 잘 챙겨주라는 큰어머니의 당부가 있었는지 대청마루로 오를 때 흐트러진 운동화를 단정히 놓아 주었다. 그리고는 방금 씻어 온 것 같은 흰 고무신을 기둥에 반듯하게 세웠다. 서산에 해가 기울 때쯤 찬 공기로 서늘한 기운이 감돌자 담요를 가져와 무릎을 덮어 주었다. 살갗에 와 닿는 따뜻한 감촉에 머쓱함이 일순간 허물어졌다. 사촌과 도란도란 얘기하며 낯가림을 거둬들이는 동안 아버지는 사랑채에서 큰아버지와 술상을 마주하고 계신 듯했다.

다음날 아침 개울 건너에 있는 밭으로 가서 풋고추와 애호박을 따야 했다. 어제보다는 한결 친숙해진 사촌과 양동이를 맞잡고 개울가로 갔다. 징검다리가 있었지만 맨살을 간질이는 물살이 좋아 사촌은 검정 고무신을 허리춤에 차고 맨발로 걸었다. 집을 나설 때 운동화보다 편할 거라며 내게 챙겨준 검정 고무신은 걸음을 옮길 때마다 훌러덩 벗겨지기 일쑤였다. 하지만 말랑한 고무신의 감촉이 좋았고 무엇보다 사촌의 살뜰하고 정겨운 마음을 알기에 질질 끌면서도 불편함을 내색하지 않았다.

하지만 개울을 건너기에는 어림없었다. 사촌의 손을 잡고 징검다리를 건너다가 미끈해 고무신이 물에 떠내려갔다. 허겁지겁 고무신을 건지려다 허리춤에 있던 것도 빠져나가 다급한 상황인데도 무엇이 우리를 그토록 즐겁게 했는지 서로 깔깔대며 웃었다. 그때 고물고물 피어나던 감정은 여태껏 느껴보지 못했던 달콤함이었다.

고무신으로 개울물을 누가 멀리 던지는지 시합을 했다. 물을 퍼 담아 밖으로 내던져야 하는데 고무신 바닥에 뒹굴던 물은 오히려 안으로 쏟아져 얼굴이며 머리를 흠뻑 적셨다. 또 고무신에 돌을 얹어 물 위에 오래 버티는 뱃놀이도 했다. 돌의 무게에 눌려 꼬르륵 가라앉으면 우열에 상관없이 재빨리 건져 올리는 일도 재미났다. 물장구도 치고 한바탕 신나게 놀고 나자 허기가 몰려들었다. 그제야 심부름이 생각나 부리나케 밭으로 뛰어갔다.

저지레를 친 탓에 꾸지람 들을 일이 걱정인 사촌은 댓돌에 있는 고무신을 몽땅 씻어 놓으면 만회가 될 것이라 했다. 재빨리 아궁이로 달려가 재를 한 삽 떠왔다. 재가 묻은 짚으로 고무신을 여러 차례 빡빡 문질렀다. 나를 즐겁게 해 주려는 마음에 덜컥 무거운 짐 하나 올려놓은 것 같아 미안했다. 나보다 한 켤레 더 씻기 위해 부지런히 움직이는 손이 잿물에 시꺼멓다. 재에 흰 고무신이 더러워질 줄 알았는데 신기하게도 더 하얘졌고 검정 고무신은 더욱 매끈해졌다. 어린 나이였지만 땟자국을 씻어내며 큰아버지 평생의 고됨도 죄다 흘러내리길 바랐다. 그래야 사촌이 더 환하게 웃을 것 같았다.

검정 고무신은 천진난만한 웃음을 무한하게 퍼올려주던 놀이기구였다. 개울을 건널 때의 아찔함과 승패 없는 시합의 순박함과 햇볕에 가슬가슬 말라가던 머릿결의 상큼함은 검정 고무신이 안겨준 선물이었다. 가끔 집안의 혼사가 있을 때 이제는 흰머리 성성한 사촌을 만나지만 그때의 연분홍빛 추억을 떠올리면 아직도 가슴이 뛴다.

누룽지

노릇하고 까슬까슬하다. 밥알이 촘촘히 엉겨 붙어 빈틈이 없다. 느슨하고 틈이 있으면 쉬이 바스러지니 저들끼리 끈끈하게 뭉쳤다. 불기에 의해 새롭게 태어난 누룽지는 그 어떤 물기와 만나기 전엔 옹골차게 다져진 제 몸을 흐트리지 않는다. 그래야 자신만이 가진 구수한 맛과 향을 지닐 수 있나 보다.

오늘도 작정하고 불 앞에 섰다. 식은밥도, 먹다 남은 밥도 아닌 오롯이 갓 지은 밥으로 누룽지를 만들기 위해서다. 널찍한 프라이팬에 적당량의 밥을 골고루 폈다. 물 한 스푼을 밥 위에 휘두르니 원하는 모양으로 순순하게 자리를 잡는다. 마치 사람들끼리 엉켜 있는 관계를 원만하게 풀어주는 중재자 같다. 이제 불 조절로 오랜 시간 달구고 익히면 된다.

급한 마음에 센 불로 하면 이내 새까맣게 타버려 구수한 맛을 찾을 수 없다. 책 한 페이지 읽을 만큼의 여유로 약한 불에 뭉근하게 익힌다. 누룽지를 만들면서 기다림과 느긋함을 체득한다. 사람 관계도 무작정 열정적으로 다가가 뜨거워지면 오히려 충돌이 생기고 오해와 상처가 남는다. 재빨리 타는 깻단보다 뭉근하게 타는 장작불처럼 천천히 다가가 마음을 열고 미적 거리를 두면 원만한 사이가 지속된다. 적당한 마음의 온도는 서로의 친밀도를 높여주어 차츰 구수한 맛과 알맞은 색깔을 갖게 해준다.

한 면이 노릇해지면 뒤집는다. 불기운이 고루 가 닿게 팬을 돌려가면서 가장자리의 밥알도 소홀히 하지 않는다. 주걱으로 누르고 다지는 데 팔 힘도 적잖이 든다. 누룽지라고 만만하게 보면 안 된다. 한순간 새까맣게 타고 돌덩이처럼 단단하게 뭉치기도 한다. 사람이 유순하게 보인다고 함부로 대했다가는 오히려 낭패를 당하는 것처럼 말이다. 세심한 정성을 기울이지 않고 흡족한 결과를 바랄 수는 없는 일이다.

두 개의 프라이팬으로 여러 개의 누룽지를 만들었을 때쯤 얼굴도 벌겋게 달아오른다. 온몸에 불내가 배였어도 몰입의 즐거움에 빠졌을 때는 상관하지 않는다. 사서 고생한다는 말은 내게 가당치 않다. 윤기 흐르는 쌀밥 한 그릇도 식욕을 불러들이지 못할 때는 누룽지만큼 편한 게 없다. 번거로운 절차 없이 물을 부어 끓이기만 하면 된다. 차츰 다갈색이 풀어내는 구수한 냄새는 옛 추억에 젖게 하고 그 맛은 헛헛한 속을 따끈하게 데워주기에 충분하다. 한 끼 식사 대용으로도 만족스러운데 이마에 땀까지 맺히면 보양식을 먹은 듯 후련하다.

이제는 누룽지가 떨어질 만하면 자다가도 일어나 불 앞에 선다. 농사짓는 지인 덕분에 당분간 쌀 걱정은 안 해도 된다. 배곯지 말라는 당부에 보답하려면 밥은 차치하고 누룽지라도 부지런히 만들어 배불리 먹어야 한다.

그러고 보면 옛날 어른들의 밥상엔 꼭 밥을 푸고 난 뒤 물을 부어 끓인 숭늉이 올랐다. 밥은 남기더라도 숭늉 한 사발은 남김없이 마셨다. 속이 후련하게 풀리는지 호쾌한 소리를 내며 입언저리를 닦던 모습이 눈에 선하다. 요즘처럼 언론과 각종 매체에서 알려주는 의학지식이 아니더라도 몸이 반응하는 것을 깨달아 건강을 챙기는 지혜가 있었다.

지금의 누룽지는 궁핍했던 시절 끼니로 때우던 식량이 아니다. 영양소가 풍부한 현미나 찹쌀로 만든 누룽지를 기호식품처럼 애용하고 있다. 더 나아가 전문기술력을 동원한 누룽지도 깔밋하게 포장되어 나오니 세월이 누룽지를 한층 더 격상시켜 준 셈이다.

주말이면 놀러오는 일곱 살 된 손자도 우유에 시리얼을 타먹는 게 아니라 누룽지를 달라고 조른다. 입맛이 애어른이라고 퉁을 주면서도 누룽지의 참맛을 알아버린 녀석이 용하고 기특하기만 하다. 누룽지를 만들어야 하는 이유가 또 하나 생겼다.

누룽지를 먹기 시작한 이후부터 그에 관한 이로운 얘기들이 많이 들린다. 중금속과 독소를 해독하는 것으로 시작해서 두뇌

발달과 면역력을 키워준다거나 소화불량을 개선하는 등 건강에 좋은 음식으로 대두되고 있다. 무엇보다 보리 누룽지가 쌀 누룽지보다 몇 배는 훌륭하다고 하니 차츰 보리 누룽지도 만들어 봐야겠다.

한 조각 입에 넣어 오물거리면 딱딱하던 것이 부드러워지며 단물이 우러난다. 운동 후 기력이 딸릴 때 사탕 한 알 깨물듯, 나는 누룽지로 허기까지 달랜다. 녹록지 않은 세상에 대해 가끔 분노가 차오를 때 누룽지 한 사발은 마음을 순하게 다독여주고 가라앉히기도 한다.

뭉근하게 제 몸을 불려 구수한 맛을 우려내는 누룽지. 오늘도 헛헛한 내 마음을 채워주려나.

몸의 신호를 듣다

오일을 듬뿍 바른 손으로 등허리를 쫙쫙 훑는다. 목 부위까지 끌어올리고 쓸어내리기를 여러 번 한다. 어깻죽지에 뭉친 근육을 주먹 쥔 손으로 굴린다. 스트레스가 쌓인 것이라며 강도를 세게 한다. 자갈 밭길을 맨발로 걷는 듯 자극이 왔지만 압이 세다고 말하지 않았다. 압이 약하면 전체적으로 관리받는 효과가 덜할 것 같아서다.

미용관리사는 발끝부터 허벅지까지 촘촘히 매만진다. 종아리에 경련이 일어 묵직한 통증을 느꼈지만 이내 부드럽게 풀어 주어 견딜 만하다. 손놀림으로 민감하게 반응하는 몸의 소리에 귀 기울인다. 시르죽었던 세포들이 번쩍 일어나 물관을 탄다. 피부도 오랜만의 호사로 반들반들 윤이 난다. 옆자리에 누워있는 30대 초반인 딸아이의 탄력 있는 피부를 보니 내 결정이 만족스럽다.

얼마 전 현관문에 미용 광고지가 붙어있었다. 에스테틱 이전 기념행사로 한 번의 체험가가 원 가격보다 훨씬 저렴한 홍보였다. 가격만 보면 파격적이지만 그 가격도 만만치 않았다. 여태 마사지 한 번 받은 적 없던 터라 미용관리숍이 낯설고 부담스러웠다. 게다가 그런 곳은 드라마에나 나오는 재벌가의 부인들이 드나드는 곳이거나 결혼을 앞둔 예비 신부가 찾는 곳으로 여겼기에 나와는 무관하다고 생각했다.

그럭저럭 며칠이 지난 어느 날, 막내를 어린이집에 보낸 후 운동센터에서 나오는 딸아이를 만났다. 회원들에게 주는 홍보용이라며 선뜻 건네는 물티슈를 받고 보니 며칠 전 보았던 광고딱지가 붙어 있다. 우연치고는 참 신기했다. 그것을 보자 내

심 반가웠다. 광고지를 내다버린 후 약간의 아쉬움이 있던 터였다. 또한 센터 회원한테 주는 특혜에 솔깃했다.

사실 어떤 좋은 기회가 주어진다면 세 아이 육아에 전념하는 딸과 함께 나누고 싶었다. 잘되었다. 이번 기회에 몸 상태도 알아볼 겸 우리에게 주는 특별한 선물이란 명분을 내세우고 숍에 들어선 것이다.

몸을 반대로 뉘었다. 목과 가슴부분을 나선형으로 감아올리자 여태 잠자고 있던 감각이 화들짝 놀라 깼다. 센 불에 손을 데었을 때의 아찔함, 그 느낌은 오묘했다. 관리사가 노폐물을 내보내려 겨드랑이 쪽으로 힘을 쏟자 몸을 받치고 있던 시트가 철퍼덕 둔탁한 소리를 낸다. 마치 그 소리는 지난한 삶의 무게가 뭉텅 빠져나가는 소리 같다.

가뜩이나 나잇살이라며 타박하던 옆구리는 관리사의 손안에서도 제멋대로 겉돌았다. 강한 압력으로 휘둘리자 숨이 벅찼다. 몇 갑절의 효과를 보고야 말리라는 아집이 속절없이 주물러졌다. 장이 편해야 순환기능이 원활하다며 복식호흡까지 요구하니 식은땀이 났다. 복부만큼은 그녀의 손길을 벗어나기 힘든 벽이었다. 하지만 단단한 밀반죽을 여러 번 주무르면 부드러워지듯 한결 말랑해져 가뻔했다.

참으로 아둔하게 내 몸을 방치했다. 어루만지고 다듬기는커녕 제멋대로 놔두었다. 굵어진 팔뚝을 보면서 세탁기 없던 시절 손빨래를 많이 한 탓이라 여겼고, 뱃살이 붙으면 어쩔 수 없는 나잇살이라고 치부했다. 항간에 금실이 좋으면 배 불거질 틈도 없다는 말은 어디에서 비롯된 괴변인지 궁금했다.

입맛이 있으면 폭식을 했고 갈증이 나면 해갈이 될 때까지 물을 들이켰다. 몸은 너무나 솔직하여 안으로 들여 준 것만큼 부풀렸다. 그러다보니 무리가 따르고 힘겨웠다. 몸이 어떻게 해주길 원하는지 답이 나오지 않아 전전긍긍하다가 통증을 감수하며 걷는 것으로 대처할 뿐이었다. 고통은 살아있음의 증표라고 믿으며 그 속에서 삶을 즐기려 했다.

동그란 얼굴의 턱선을 야무지게 잡아갔다. 턱의 범주에서 벗어난 살들이 실룩실룩 야단을 떨었지만 그녀의 손에 잡힌 이상 꼼짝도 못한다. 이마에 새겨진 주름 길도 문지르고 눈자위도 꾹꾹 눌렀다. 낮은 콧대도 꼿꼿하게 일으켜 세우고 볼

살도 밀어 올렸다. 눌린다고 세운다고 원하는 대로 될 리가 있겠냐만 영화 〈빠삐용〉처럼 숟가락으로 집요하게 동굴을 파듯 노력 끝에는 작은 변화라도 생기기 않을까. 그러고 보면 정작 몸의 신호를 알고자 한 것이 관리의 효과도 누려보려는 욕심이 생긴 셈이다.

따뜻하게 데운 수건으로 몸을 정갈하게 닦아주니 진자리 갈아주는 내 어머니 손길 같아 흥감했다 여태 이런 기분을 느껴보지 못하고 살아온 세월이 헛헛했지만 그렇다고 애석하지는 않다. 우연한 기회가 닿았을 때 누리는 기쁨은 그간 힘겨웠던 삶을 상쇄시켜 주기에 충분하니까.

눈과 입에 거즈를 올리고 석고로 팩을 한다. 이제 보지도 못하고 말도 못한다. 얕은 숨을 쉬며 은밀하게 전해오는 몸의 신호에 몰입한다. 뚜…. 나지막이 신호가 들린다.

딸아이와 함께 누려 더없이 행복한 순간의 작은 사치, 이대로가 최상이라고.

Beautiful
your LIFE
Skin & Body

지네

며칠째 실내가 눅눅하다. 장마철이라 습도가 높은 탓이다. 선풍기를 돌려도 꿉꿉한 기운을 떨칠 수가 없다. 이럴 땐 빨래라도 하여 섬유유연제의 상큼한 향으로 기분전환을 해야 한다.

세탁기 안으로 빨래를 들여 넣다가 날카롭고 딱딱한 것이 손에 잡혀 기겁했다. 재빨리 내치자 발아래 손가락만 한 지네가 툭 떨어졌다. 순간 온몸에 소름이 돋아 들고 있던 빨래를 내동댕

이쳤다. 고층 아파트에 지네가 나타나다니 참으로 당황스럽다.

지네는 최적의 안식처로 습기 머금은 빨랫감을 선택하여 휴식을 취하다가 갑작스런 나의 습격에 혼비백산했겠다. 어디로 가야 할지 방향을 잡지 못해 갈팡질팡할 때 득달같이 달려들어 신발로 내려쳐야 하는데, 몸서리가 쳐져 옴짝달싹 못하겠다. 녀석은 그 틈을 노려 쌀뒤주 쪽으로 숨으려 몸을 튼다. 아뿔싸. 지금 놓치면 또다시 나타날 빌미를 제공하는 게 아닌가. 어영부영하다 놓칠세라 재빨리 손잡이가 긴 도구로 녀석의 등짝을 꾹 눌렀다. 발버둥치는 감각이 손잡이를 타고 정확히 올라왔다. 도저히 나로서는 녀석의 생사를 결정지을 용기가 없다. 참으로 난감하여 어떡하나 궁리 끝에 주변에 있는 묵직한 옹기를 뒤집어 씌웠다.

한바탕 전쟁을 치른 듯 어수선한 마음이 조금 가라앉자 녀석의 상태를 짐작해 본다. 옹기에 꼼짝없이 갇혀 극도의 공포로 몸부림치고 있을까. 아니면 어둑해서 사리분별 못한 채 허둥대고 있을까. 어찌되었건 한참 뒤엔 제풀에 지쳐 쓰러지고 말 터이다. 달갑지 않은 녀석의 등장으로 생각지도 못한 죽음에

직면했을 때의 허망감이 떠올라 괜히 심드렁해진다.

오래전 시골에서 생활할 때는 지네와 맞닥뜨린 적이 많았다. 장마철이면 어김없이 신발장이며 대청마루의 구석진 곳에서 나타났다. 눈에 띄지 않는 어두운 곳으로만 다니다가 어떤 때는 방에까지 들어오는 통에 혼비백산했다. 자지러지게 놀라는 내 모습을 본 시어머님은 험하고 거친 세상 어찌 살겠냐고 하였지만 나는 정말 녀석이 싫고 무섭고 두려웠다.

녀석의 생김새만 봐도 섬뜩하다. 길쭉한 등의 색깔이 흑녹색이고 머리와 배 부분이 황갈색이다. 다리는 좌우로 적게는 열다섯 쌍에서 많게는 백칠십 쌍 정도가 있으니 절지동물 중 최고의 다리 수를 가졌다. 삼림의 낙엽이나 흙속, 또는 썩은 나무 아래를 은신처로 두고 지내는 것을 보면 녀석의 성향도 음흉하기 이를 데 없다.

생김새도 마음에 들지 않지만 물리면 전신에 독이 퍼져 정신착란과 두통을 일으키게 하니 보이는 족족 없애버리는 게 능사였다. 그런데 녀석에게도 미치도록 좋아하는 것이 있어 목숨이 담보가 될 때가 있다. 닭 냄새를 무지 좋아한다는 것이다. 대숲

적당한 곳에 땅을 파고 닭발을 묻어두면 백발백중 그 함정에 걸려들고 만다. 통제되지 않는 욕망 때문에 한순간 명을 달리하는 것은 사람이나 동물이나 다를 바 없는가 보다.

아이러니한 것은 그토록 독하고 음흉한 녀석이 한방의 약재로 쓰이고 있는 일이다. 하물며 머리와 다리가 붉을수록 좋은 품질로 쓰인다니 죽어서도 제 몸값은 톡톡히 하는 게다.

닭발과 지네를 함께 고아먹으면 신경통에 효험이 있다고 시골에서는 4월부터 8월까지 대숲을 샅샅이 뒤져가며 잡았다. 끓는 물에 머리를 넣었다가 햇볕에 말리기도 하고, 대나무 등에 머리와 꼬리 쪽을 잡아매어 건조시키기도 했다. 때로는 소주에 바로 넣어 약주를 만들기도 했다.

한데 녀석의 흉측한 모습과는 달리 애정관은 특별하다. 언제나 암수가 쌍으로 다닌다. 한 마리를 잡으면 그 주변에는 꼭 한 마리가 더 있다. 옹기 안에서 사투를 벌이고 있을 녀석 주변에 분명 짝이 있지 싶은데 아직 내 눈에 띄지는 않는다. 아마 멀찍이서 녀석이 탈출하기를 초조하게 기다리고 있지 싶다.

당시에는 약이 된다며 무조건 잡아들였다. 하지만 번갯불에

콩 구워먹듯 사랑하고. 쉽게 헤어지는 요즘 세태에 한낱 미물인 지네의 끈끈한 애정이 오늘따라 거룩하게 보인다면 과장된 표현일까. 다른 건 몰라도 사랑만큼은 구속하지 않아야 된다는 엉뚱한 생각이 들자 살짝 측은지심이 발동한다. 가만히 옹기를 들추었다. 그새 죽었을까. 바닥에 바짝 붙은 채 미동도 없다. 그때 꼼짝 않고 있던 녀석이 제 등짝에 바람 한 점 스치자 쏜살같이 달아난다.

덩그마니 놓여있는 황갈색 옹기가 그제야 지네의 숨가쁜 기척을 낸다.

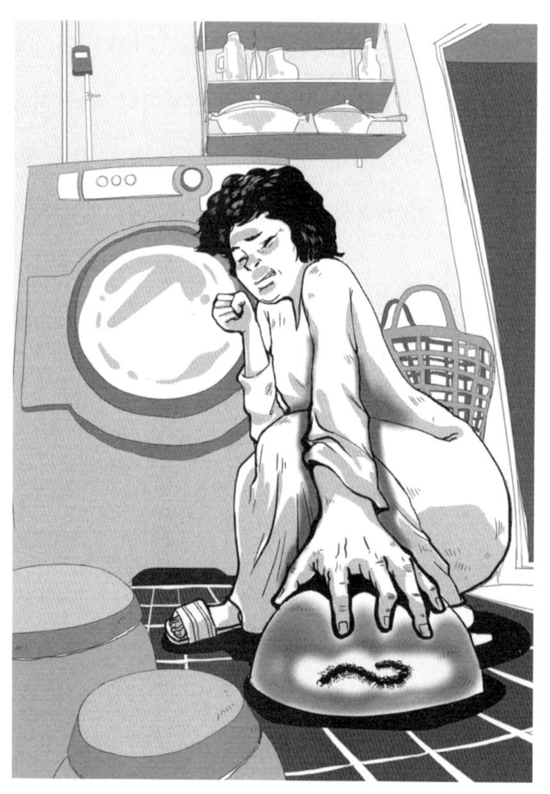

자전거의 궤적

경찰서에서 전화가 왔다. 아버님이 교통사고를 당했다며 보호자를 찾는다. 순간 몇 년 전 자전거 접촉사고로 뇌수술받은 기억이 떠올라 가슴이 철렁 내려앉았다. 후들거리는 다리를 애써 끌고 병원에 들어서자 붕대 감은 손을 들어 보이며 아버님이 멋쩍게 웃는다. 어설픈 그 웃음에 가슴이 먹먹하다. 신호를 재빨리 인식하지 못해 트럭과 충돌하여 골절상을 입었다. 사고 경위로 보면 전적으로 아버님 과실이었다.

구순을 바라보는 연세면 균형감각이 떨어진다고, 페달 굴리는 힘도 약해서 자전거는 위험하다고 신신당부를 했다. 그럴 때면 평생을 타왔기에 거뜬하다며 위풍당당했다. 그러다 이런 사태가 생기니 자신감을 잃은 듯 고개를 떨궜다. 젊은 시절엔 형형한 눈빛과 탄탄한 몸으로 세월에 당당히 맞섰으리라. 하지만 이제는 삭은 바퀴처럼 몸에서 시나브로 기운이 빠져나간다. 패기 충만한 날은 아슴아슴한 기억 저편에 있을 뿐이다. 그런데도 건강이 회복되면 실수하지 않고 신중할 것이라는 다짐을 보인다. 아버님의 자전거 사랑은 유별나다.

병원에서 입을 옷가지를 챙기러 시골집에 들어서니 문지기처럼 늘 대문 옆에 서 있던 자전거가 나뒹굴어져 있다. 아마도 화근덩이라고 어머님이 내친 것 같다. 지금껏 놀란 가슴 쓸어내린 적이 한두 번이 아니었으니 그럴 만도 하다. 하지만 어느 누구에게도 당당하고 자존의 유일한 존재인 자전거를 폐기하지는 못한다. 칠이 벗겨져 볼품없지만 수년간 단련된 내공은 훈장감이다. 탄력 있는 두 바퀴의 궤적 앞에 서면 지난날이 떠올라 숙연해진다.

삼십여 년 전 상명곡인 우리 마을로 오는 버스는 하루에 고작 두 번뿐이었다. 통학을 하거나 출퇴근하는 시간 외에는 버스를 볼 수가 없었다. 읍내에 가기 위해선 자전거가 필수의 교통수단이었다. 오일장이 서는 날 아침이면 부산했다. 집에서 장터까지 왕복으로 두세 시간 걸리는 터라 타이어에 바람을 탱탱하게 넣었다.

페달을 힘차게 밟고 바람을 가르며 동네 어귀를 빠져나가는 아버님이 그렇게 강건해 보일 수가 없었다. 삶의 등짐을 가뿐하게 지고 달리는 모습은 존경스러웠다. 마을에 이십여 가호가 있었지만 아버님 연배인데도 그런 의욕과 자신감은 보이지 않았다. 어두운 밤 갑작스런 폭우가 쏟아질 때 자전거를 창고로 옮기느라 당신이 젖는 것은 개의치 않았다. 자전거는 그냥 자전거가 아니었다. 가족의 생계를 책임지는 대주의 상징이었다. 빠르게 돌아가는 바퀴처럼 아버님의 세월도 그렇게 지나가고 있었다.

젊은 시절 누구에게도 밀리지 않던 강골이었지만 세월 앞에서는 어쩔 수가 없나 보다. 구순을 바라보는 연세에도 아직 그 당당함을 찾으려 한다. 어쩌면 푸른 청춘부터 주름 골이 깊은 지금까지, 새벽을 열고 밤이 닫칠 때까지 자전거와 함께한 우직한 삶이었을 터이다. 자전거 바퀴가 남긴 흔적 따라 아버님이 함께한 삶이 보인다.

때로는 자전거 페달을 힘차게 돌리는 아버님을 생각하면 세상을 헤쳐 나갈 힘이 생긴다. 어떤 힘으로도 풀리지 않는 것도 오랜 세월 유연하게 돌리는 힘 앞에는 길이 열리는 것이다. 온몸으로 체득한 삶의 지혜가 거기에 있을 터이다. 맞물려 돌아가는 바퀴처럼 천천히 힘의 강약을 조절하면서 내 삶의 내리막과 오르막도 잘 지나가고 싶다.

넘어진 아버님의 자존을 세운다.

다시 꽃 피워볼까

잊고 있었다. 봄볕에 춘란이 향기를 뿜어내고 있다는 것을. 바늘구멍에 황소바람이 든다고 겨우내 매서운 바람이 싫어 창문을 굳게 잠갔다. 며칠 전부터 은은하게 풍겨오는 향에 입덧하듯 속이 울렁거렸지만 대수롭지 않게 여겼다.

오늘 발코니로 향하는 창문을 연 순간 와락 달려드는 난향에 가슴이 뭉클했다. 꽃은 보이지 않는데 향이 가득하다. 어디에서 풍기는 건지 찬찬히 살펴보니 난 포장레이스에 눌려 꽃대가

구부러져 있다. 얼마나 갑갑했을까. 키를 키우고 싶어 안간힘을 썼을 텐데 나의 무관심이 성장을 방해하고 기형으로 만들었다. 생존의 몸부림이 고스란히 전해오는 난 앞에 서자 나태했던 그동안의 시간들이 떠올라 낯이 뜨겁다.

몇 년간 화초를 기르지 않았다. 그전엔 발코니에 푸른 식물을 가득 들여놓고 정성을 쏟았다. 물을 주며 조곤조곤 얘기하는 재미가 있었다. 그러다 여린 잎이 돋고 꽃대가 올라오면 탄성을 지르며 행복해했다. 눈맞춤하는 만큼 생기가 감돌아 수시로 들락거렸다. 특히 코끝에 바람만 스쳐도 마음이 들뜨는 봄에는 화훼농원에 들러 색색의 바이올렛과 제라늄을 사들였다. 꽃불 일듯 피어나는 영산홍도 곁에 두어 눈의 호사를 누렸다.

여름 한철은 둥치 큰 파키라 나무의 무성한 잎만으로도 족했다. 강렬한 햇볕도 초록 그늘 앞에서는 맥없이 잦아들었기 때문이다. 그러다 가을이 오면 국화 화분 한두 개라도 사들여야 제대로 계절을 맞이하는 것 같았다. 발품 팔아 국화축제에 가는 것보다 내 앞에 놓인 소담한 분 하나가 주는 감동이 더 컸다. 꽃봉오리가 차츰 다발처럼 부풀어 오를 때면 가을이 집에 온

건지 가을에 집이 들어선 건지 분간 못할 만큼 가을에 취했다.

하지만 어느 날 애별리고의 아픔을 겪은 뒤로 자그마한 화초 하나도 기르지 않았다. 햇볕에 갈증을 느껴도, 잎이 노랗게 변해도 그저 무심했다. 마음의 여유를 잃어버린 상황에 그것들을 챙기고 돌봐야 하는 것이 무의미해졌기 때문이다. 내 속이 새까맣게 타들어 가는 것처럼 식물도 시나브로 말라갔다

그러던 어느 날 분리수거하는 중에 조그마한 다육이가 여러 개 버려져 있는 것을 보았다. 종이박스에 아무렇게나 던져져 있는 것을 경비아저씨가 가려내어 한곳에 놓아둔 것이다. 필요한 사람 가져가라고 했지만 나와는 무관한 것이라며 돌아섰다. 버려진 것에 누가 관심을 가질까. 게다가 손가락 두 마디만 한 것을…. 그런데 자꾸 맘이 쓰였다. 밤이 이슥도록 찬바람을 맞으며 웅크리고 있을 다육이를 어쩌지 못해 가지고 와 햇볕 잘 드는 곳에 아무렇게나 놓아두었다. 자리만 바꾸었을 뿐, 살려면 버틸 것이라며 그대로 방치했다. 그래서인지 얼마 안 가 시들해졌고 결국은 괜한 일을 했다는 자괴감까지 더했다.

발코니 구석에는 흙이 담긴 화분만이 수두룩하다. 식물이 뿌

리째 뭉텅 빠져나간 흔적이다. 행복했던 시간들도 딸려나갔는지 적막이 감돈다. 그 흙속에서 생명이 꿈틀거렸던 날들이 그리워진다. 봄볕이 난향을 일으켜 내 마음까지 움직이게 했나 보다.

문득 며칠 전 세미나장에서 만난 문우가 건넨 씨앗이 생각난다. 그녀의 수필을 읽고 문자를 보냈더니 제주도에서 기른 해바라기 씨앗이라며 챙겨온 것이다. 일전에 풍선꽈리 씨앗을 챙겨 둔 것도 떠오른다.

상실감으로 피폐해진 마음을 흙의 기운을 빌려 회복하고 싶다. 그동안 침묵으로 무장된 집안은 건조하여 버석거렸다. 특별할 것도 놀랄 것도 없는 지리멸렬한 시간에 포박당한 채 맥없이 처져 있었다. 바닥으로 끝없이 쓸려가는 아득함, 이제는 그 굴레에서 벗어나고 싶다. 어쩌면 이 씨앗을 심은 화분이 살며시 초록 잎을 틔워 집안에 생기를 가져다주지 않을까.

살아있는 것들에 대한 욕심이 마음 안에 꿈틀거린다. 시들해서 죽었다고 여겼던 다육이도 여태껏 앙버티며 살아내고 있지 않은가. 이참에 화분 몇 개 사다 놓아야겠다. 그동안 꽃잎이 벙글 때마다 탄성을 질렀던 제라늄과 영산홍도 다시 사야겠다.

매일 눈 맞추며 물을 주던 기쁨을 다시 느끼고 싶다. 마른 잎 따내며 새초롬히 올라오는 꽃봉오리가 활짝 필 때의 기쁨을 다시 느끼고 싶다. 그러면 내 마음에도 봄이 오려나.

유화 한 점

거실 벽에 해바라기 꽃이 피었다. 꽃빛이 서서히 스며들자 탁자 위에 있는 사물들도 생기를 띤다. 덩달아 마음도 들뜬다. 노랑과 주황색이 덧칠되어 농도가 짙은 만큼 생각도 깊어진다. 하늘거리는 꽃잎은 나를 끌어들일 듯 강렬하다. 검붉은 씨방은 그리움이 깊어 생긴 흔적인가. 저 웅숭깊은 곳의 내밀한 언어를 듣고 싶다.

얼마 전, 경남에서 활동하고 있는 지인의 개인미술전시회에 초대되어 갔다. 부산에 이어 창원교육청 2청사에서 열린 전시회에는 대작인 200호부터 6호까지 유화와 수채화가 50여 점 걸렸다. 전시장에 들어서자 봄꿈같이 아늑한 기운이 감돌았다. 적절한 색의 배합으로 섬세하게 그린 그림을 찬찬히 감상하면서 다른 관람객과 색의 숲을 거닐었다.

너럭바위 사이로 실개천이 흐르는 풍경화에서 작가의 부드러운 호흡이 느껴진다. 정박해 있는 배에 화려한 깃발은 희망을 나타낸 듯하다. 정밀한 묘사로 당장 꽃잎을 펼칠 것 같은 꽃그림 앞에서는 사람이 꽃보다 아름답다는 말이 무색했다. 어렴풋이 그녀의 화풍은 밝고 따스한 것을 지향하는 것임을 알겠다.

그림은 감성의 물꼬를 트는 사람들과 사유하는 사람의 발걸음에 기꺼이 따라붙어 떨어지지 않나 보다. 보이지 않는 건너편의 것들이 보일 때까지 유추하게 하고 감흥하게 하니 말이다. 무릉도원과 현실을 오가는 교각에 서 있는 듯 울렁증이 인다. 감동의 기척이다. 그림을 감상하는 내내 행복해지는 것은 오랜 시간 붓으로 연마한 그녀의 내공이 닿아서이다.

예약딱지가 붙어 있는 해바라기 꽃그림 앞에 서니 가슴이 먹먹해진다. 그동안 많은 꽃을 좋아했어도 해바라기 꽃은 적당한 거리를 두었다. 고흐의 절망과 바꾼 꽃이라는 생각이 강해서일까. 그 꽃을 바라보면 마냥 처연하고 아리고 슬프다. 고흐의 허망한 눈빛과 잘린 귀와 붉은 피가 해바라기 꽃 위에 겹쳐진다. 평생 일곱 점의 해바라기 꽃을 그렸고 열다섯 송이의 해바라기 꽃을 화분에 그린 그처럼 그녀도 해바라기 꽃을 그렸다. 희망과 사랑을 담은 그녀의 해바라기는 달리 보였다고 해야 하나, 다르게 보았다고 해야 하나. 오늘만큼은 해바라기 꽃에 특별한 감정을 갖게 해준 그녀가 갸륵해 보였다.

아마도 그날부터일 게다. 사실 봄꽃이 피거나 가을 단풍이 들어도 감동에 젖기는커녕 무덤덤하게 시간을 보냈다. 작은 화분의 생명 하나 제대로 키우지 못했고 세상 어떤 일의 설렘도 나와는 상관없다고 여겼다. 그렇게 무심한 틈으로 불쑥 들어서서 물욕을 일으킨 것은 그녀의 전시회에서 본 해바라기 꽃이었다.

아트상점을 들락거렸다. 고흐 그림의 복사본도 있고 무명화가가 그린 그림도 눈에 띄었지만 잠시 머뭇거렸다. 좋은 기운이 풍기는 그림을 원했기에 충동구매로 후회하기보다는 조금 더 여유를 갖기로 했다.

허브차를 마주하고 담소를 나누던 어느 날, 그녀가 나에게 뭔가를 내밀었다. 두세 겹 두른 뽁뽁이를 걷어내자 눈에 선연히 드러나는 꽃, 해바라기 꽃이었다. 전시장을 떠나면서 아쉬운 눈길 거두지 못한 내 표정을 읽은 그날 이후 내가 좋아할 만한 색이 나오기까지 수많은 덧칠작업을 했다고 한다. 온화한 그녀의 심성을 알기에 그림을 넙죽 받고 싶었으나 손은 마음과 달리 내치고 있었다. 결국 그녀의 바람대로 좋은 기운을 받아 행복해 할 것을 약속하고 받아들였다.

해바라기 꽃은 오래전부터 나를 만나기 위해 조용히 숨죽이고 있었던 것일까. 광활하게 깔려있는 불모의 땅을 건너 고요히 걸음을 걸어 왔을까. 거실 벽에 핀 한 송이 꽃이 수백 송이 기운을 뿜어내는 듯하다.

이렇듯 감동이 일고 오래토록 시선을 붙잡아 두는 그림처럼 내 글도 그랬으면 좋겠다. 누군가에게 오롯이 희망이 되고 기쁨이 되는 글이라면 더할 나위 없이 좋으련만. 욕심을 비운다.

유화 한 점이 온 마음을 붙들 듯 내 진솔함으로 피어나는 글도 누군가 품어 주리니.

제2부

오이냉국

온갖 양념이 범벅된 거창한 음식보다 소박하고 청량한 오이냉국이 그동안 잃어버렸던 식욕을 되찾아 준다.

야관문주夜關門酒에 끌리다

눈雪에 흠뻑 젖은 마음이 춥다. 속을 데우기 위해 마땅한 것을 찾으려고 주변을 두리번거린다. 몇 년 전에 담가두었던 야관문주가 눈에 띈다. 한 모금 들이켜는 순간, 톡 쏘는 맛과 감미로운 향이 온몸에 퍼진다. 잠시 후면 육신이 뜨겁게 달아오르고 잠자던 오감마저도 일제히 깨어나리라.

오전에 갑자기 내린 함박눈에 갇혔다. 실낱같이 가벼이 내려 이리저리 흩날리고 말 줄 알았다. 차츰 눈송이가 커져 발등을 적시더니 한두 시간 만에 소복이 쌓였다. 외출하려다 만난 뜻밖의 눈에 마음이 설렜다. 불현듯 마음 내키는 아무 곳에나 달려가고 싶었다. 창 넓은 찻집도 괜찮고, 파도 부서지는 해변을 거닐면 더욱 좋겠다. 혼자보다는 함께이고 싶어 눈앞에 펼쳐진 설경을 동영상에 담아 지인들 카톡에 날렸다. 답을 기다리는 동안 눈 위에 발자국을 새겼다.

"나이가 몇인데 눈이 오면 아직도 그렇게 설레나요. 당신 띠랑 묘하게 맞네요."

귓전을 울리는 익숙한 소리에 뒤돌아보니 눈바람만 차다. 옆지기의 환청이다. 어떤 일에도 동조를 해 주던 사람. 격려와 용기로 자존을 세워주던 다정했던 사람. 이젠 그 음성마저 들을 수 없으니 현실이 냉혹할 뿐이다.

심상찮게 내리던 눈은 일탈하고 싶던 내 작은 바람마저도 주저 없이 덮어버렸다. 갑작스런 적설량으로 마산 창원간의 교통이 마비되었다. 제설작업을 하려면 한나절은 족히 걸리니 부푼 마음을 가라앉혀야만 했다. 축축한 겉옷에 매달린 공허함을 털어내며 어쩔 수 없이 집으로 다시 들어선 것이다.

아관문주의 효력은 금방 나타났다. 얼굴이 발그레해지고 괜스레 미소가 지어졌다. 냉기를 쭉 뽑아낸 듯 후끈후끈 속이 달아올랐다. 설레던 감정들이 누그러지면서 안정이 되었다. 느긋한 마음이 되어 행하지 못한 일에 관대해졌다. 혹여 잘못을 저지른 이가 용서를 구한다면 도리어 내 잘못이라며 따뜻한 포옹으로 화해를 구하겠다. 술이 마법이라도 부린 듯 선한마음이 된다.

오래전부터 제철에 나는 과실로 술 담그는 것을 좋아했다. 한 잔을 마시면 한 말을 마신 듯 얼굴이 불콰해지는 남편은 술과 거리가 멀었다. 마시면 기분이 좋아지는 나와는 정반대였다. 그러면서도 술 담그는 일은 만류하지 않았다. 한 잔의 술기운으로 천군만마를 얻는 내 기분을 맞춰주려는 것이다. 굳이 마시기 위해서보다는 숙성되면 우러나는 빛깔과 향이 좋아 무턱대고 담갔다.

관절에 좋다는 돌복숭아를 비롯하여 매실, 살구, 석류, 보리수뿐만 아니라 솔잎도 솔방울도 약이 된다 하여 담갔다. 와송이나 더덕, 산삼은 기본이었다. 그중에 비수리라 불리는 식물

야관문은 귀한 약초라며 삼 년 전 남편이 구해 왔다. 술이라곤 거들떠보지도 않더니 야관문에는 관심을 보였다.

오랫동안 시린 발 때문에 여러 곳의 병원을 다니며 많은 약을 먹었고 통증클리닉도 다녔다. 침도 수차례 맞았으나 발의 통증은 그치지 않았다. 그런 아내를 위해 노심초사 애쓰다가 나와 같은 증상에 좋다며 구해온 것이다. 얼토당토않는 말이라 여기면서도 한 잔씩 먹다 보면 어느 틈에 나을 거라는 남편의 굳건한 의지가 나보다도 강렬했기에 믿기로 했다. 나중에 들은 얘기로는 남성의 양기를 북돋워주어 부부사랑에 효험이 있다고 했다. 직접 담는 내내 흐뭇한 미소를 짓던 그의 심중을 그제야 알 듯했다.

야관문주는 맛과 향이 특별하다. 싱그러운 향의 깊고도 진한 맛, 부드럽게 넘어가는 느낌이 양주 발렌타인 맛과 흡사했다. 남성들에게 좋은 술이라는 말과는 상관없이 내 취향을 저격하는 향에다가 남편의 애정까지 담겨 있기에 가끔 찾는다.

술의 성분은 물이지만 속성은 불이다. 프랑스의 철학자 가스통 바슐라르도 알코올을 '타오르는 물'이라 했다. 술은 나약한 사람에게 용기를 주고 허허로운 마음을 달래주기도 한다. 때로는 상처를 어루만져주는 약손이다. 그러고 보면 술을 합법적인 마약이라고 불러도 손색이 없을 듯하다.

요즈음 밤을 꼬박 지새우는 일이 잦다. 100부터 숫자를 거꾸로 세기도 하고 자기 최면을 걸어보기도 하지만 도통 잠이 오지 않는다. 문득 수면제로 불면의 고통을 견딘다는 지인이 이해가 된다. 나는 예외일 것이라고 생각했던 것이 허물어졌다. 그렇다고 약으로 잠을 청하고 싶지 않으니 아침이 되면 정신이 맑지 않다. 그럴 땐 술 한 모금의 처방에 기대고 싶어진다. 혹여 의존이 습관이 될까봐 주의하면서, 반주도 약이 된다는 말을 떠올리며 품위 있게 마시면 어떨까.

여태 가능할 것이라 믿어온 일들이 모호하다. 세상일이 어찌 뜻대로 될 수 있으랴. 과감하게 도전할 수 있는 내일도 안주하는 둥지가 탄탄해야만 하기에 흔들리지 않으려 바짝 긴장한다. 한낱 부질없는 꿈일지라도 손끝이 닿을 수 없는 존재들을 탐하고 있으니 이 욕심을 어찌 잠재울까.

가슴에 고인 허상을 씻어내기 위해 야관문주 한 모금 넘긴다.

남편의 정성이 닿았던 것일까. 발의 통증이 점점 옅어지고 있다.

술잔 속에 눈이 내린다.

외숙이 언니

"**오하요 고자이마스**. 아, 안녕히 잘 주무셨습니까?"

아침마다 두 손을 앞으로 가지런히 모으고 정중히 인사하는 언니가 일본에서 우리 집에 온 이후부터 많은 변화가 생겼다. 아름다운 가게에서 사들인 유리 꽃병은 있는 그 자체만으로도 만족스러운데 어느 틈에 꽃을 꽂아 향기를 뿜게 한다. 소담스런 안개꽃을 담기도 하고 어떨 땐 아파트 화단에 핀 들국화와 피라칸사스를 꺾어 와 실내 분위기를 환하게 꾸민다.

이름자에 '외'자가 있어서일까. 언니는 자매간의 살가운 정을 느끼기도 전에 인척 집에서 기거했다. 자아실현에 충실하고 활달한 성격 탓에 타지에서의 생활도 서슴없이 행했다. 언제나 나와 먼 거리에 있던 언니가 어느 날 일본으로 갔다는 소식을 접했을 때 무덤덤했다. 진득하게 쌓인 정이라도 있었다면 헤어지는 섭섭함에 울먹이기도 했을 텐데, 예견된 일인 양 쉽게 받아들였다.

그 후 20년 세월이 지난 지금에 홀연히 나타나 묵혀 두었던 감정을 쏟아내는 언니를 보며 재회의 기쁨보다 야속한 마음만 앞섰다. 정작 정이 갈급할 땐 내 곁에 없었기에. 몇 년 전 일본 여행길에서 잠깐의 해후가 있었지만, 언니가 내게 쏟는 정의 깊이만큼 나는 미치지 못했다. 사정이 여의치 않음을 감지한 남편의 배려로 당분간 함께 지내는 동안 소소한 부분마다 문화의 충돌이 일어났다.

식후 반찬이 조금씩 남으면 언니는 작은 접시에 따로 담아 다음 식사 때 처리했다. 몇 가지 반찬이 식상해지려면 재바르게 갖은 양념을 해서 비벼먹기도 했다. 양파나 풋고추 등의 채소를 매 끼니마다 올려 식단의 균형을 잡아주기도 했다. 한 조각도 허투루 버리는 법이 없었다. 그런 모습에서 음식을 소중히 다루는 일본의 음식문화가 느껴져 적잖은 감동이 일었다.

청소를 하다가 종이 한 장도 여백이 있으면 한쪽에 가지런히 모아두었고, 보푸라기 핀 옷은 괜찮은 부위를 오려두었다가 다른 곳에 덧입혀 사용했다. 벽면에 간당거리던 플러그도 그냥 지나치지 않고 접착제로 단단하게 붙였다. 고리가 떨어진 서랍장도 적당한 재료를 찾아 붙여 사용에 편리하게 했다. 세월의 더께가 앉아 방치해 두었던 놋쇠 촛대도 언니의 섬세한 손길이 닿자 매끈해졌다. 내친김에 향초를 꽂으니 비로소 제구실하는 것으로 거듭났다. 더불어 몸과 마음도 녹록해졌다.

저녁 무렵 호수변 산책길에서 경사진 오솔길을 만났다. 좁기는 하지만 상대방과 충분히 오갈 수 있는 길이다. 저쪽 상대가 다 내려올 때까지 언니는 한쪽에 다소곳이 기다렸다가 올라간다. 친절도 배려도 지나치다 싶었지만 평소에 양보하는 미덕이 몸에 배인 터였다. 간간이 일본어를 하는 바람에 민망한 듯 멈칫하다가 호방하게 웃었다.

세탁도 하루 한 번이다. 오늘 입은 옷은 무조건 빨아야 했다. 헐렁한 바지와 편한 티셔츠를 입는 나와는 달리 집에서도 정갈하고 단정한 차림이다. 남편한테 부스스한 모습 보이지 말라고 눈 뜨자마자 내 머리부터 매만져 준다. 무릎은 붙여서 걷고 허리는 반듯하게 펴서 걸으라며 시시때때로 주의를 준다.

오랜 세월 떨어져 있다가 만난 혈육의 정이 넘쳐 그럴 수 있겠다 싶다가도 내 삶의 방식에 갑작스럽게 끼어든 언니의 습성이 마뜩잖고 성가셨다. 한시도 가만히 있지 않고 닦고, 쓸고, 정리하는 것을 보면 일본에서의 홀로서기가 어떠했는지 짐작할 수 있었다. 그토록 매사에 빈틈이 없다보니 앙상한 손이 더욱 깡마르고 거칠다. 바셀린을 언니의 손등에 문지르자 거친 부위가 열선처럼 발갛게 도드라진다. 언니의 소리 없는 움직임이 그동안 느슨하게 살아온 내 삶의 빈틈을 낱낱이 들춰냈다.

곳곳에 윤기가 흘렀다. 헐거워진 곳이 단단하게 여며졌다. 잠시 밀쳐두었던 사물들이 생기를 찾아 다시 되살아났다. 한낱 쓸모없는 것들도 소용되고 깨알 같은 재미가 쏟아졌다. 언니의 친절과 청결함, 검소한 생활태도가 내 일상 속으로 자연스럽게 스며들었다.

아릿한 통증이 인다. 어떤 연유에서든 언니와의 동거가 참 다행스럽다. 남편의 병환으로 자칫 허물어지고 나약해지려는 지금의 마음이 자잘한 일상의 발견들로 조금이나마 상쇄될 수 있을 테니까.

오이냉국

절여놓은 오이채를 그릇에 덜어낸다. 적당량의 물을 붓고 젓가락으로 휘젓자 거뭇한 미역과 어우러져 향과 색을 풀어낸다. 한 모금 넘긴다. 울컥 차오르는 서글픔이 익숙한 물기에 거품처럼 주저앉는다. 갑갑한 속내도 훑고 지나간다. 부드러운 식감에 마음마저 차분해진다. 온갖 양념이 범벅된 거창한 음식보다 소박하고 청량한 오이냉국이 그동안 잃어버렸던 식욕을 되찾아 준다.

2월 중순, 바람이 매서웠다. 겨울과 봄의 경계였지만 발코니에 있는 긴기아난은 어김없이 아기 별 같은 꽃을 피워냈다. 매년 이맘때면 꽃이 필 것이라고 눈여겨보던 그는 신음 같은 탄성을 질렀다. 순백의 꽃을 애잔한 눈빛으로 바라보며 짓던 미소는 환한 슬픔이었다. 갑자기 콧등이 시큰하게 아려왔다. 그로부터 일주일 후, 죽을 만큼 아픈 통증을 겨우내 견뎌오던 그는 억장이 무너지는 아픔만 남겨두고 내 곁을 떠났다. 난은 분연히 꽃 피우고 있는데….

그토록 갈구하던 물 한 모금 마지막 가는 길에 건네지 못해 스스로 책망했다. 무정한 세월을 탓하고, 가닥도 없이 삭아 내리는 아픔 위로 흐르는 눈물을 주체할 수 없었다. 뭐든 먹어야 기운 차린다고 이것저것 챙겨주는 이들 곁에서 나는 맥없이 고개만 떨구었다. 눈앞에 차려진 음식은 나와 무관한 것이었고 보고도 보이지 않는 무향 · 무취의 무형물이었다. 살기 위해 먹어야 하는 행위는 몹쓸 일 같았고, 살아 있기에 어쩔 수 없이 먹어야 하는 의무는 더 가혹한 형벌 같았다.

끊임없는 환청에 시달리고 나락으로 떨어지는 무력감에 빠져 있을 때, 딸아이가 건넨 오이냉국, 그것은 부르튼 입술 사이로 흘러 생이 타들어가는 마른 숨소리를 촉촉이 적셔주었다. 도저히 넘기지 못할 줄 알았는데 미끄러지듯 넘어갔다. 별안간 심한 허기가 밀려왔다. 그대로 기진할 것 같았다. 어이없게도 살아야겠다는 의지가 꿈틀거렸다. 서둘러 남아있는 냉국을 마저 들이켰다. 그제야 눈이 뜨이고 혼미한 정신이 가다듬어졌다.

울먹이고 있는 딸아이를 가만히 보듬었다. 딸아이는 기억하고 있었던 것일까. 오이냉국 한 그릇에 세상을 다 가진 듯 행복해 하던 내 모습을…. 진종일 텃밭에서 나뒹굴던 그날의 웃음을…. 시골 텃밭에서 오이모종을 심기 위해 그이와 비닐멀칭 작업하던 때가 떠오른다.

밭고랑 넓이만큼 펼쳐서 비닐을 덮어씌우고, 구멍을 내고, 모종을 심기까지 그이가 알려 준 대로 별 탈 없이 해냈다. 하지만 완벽하게 해내려는 성급한 마음 탓에 흙더미에 걸려 꼬꾸라졌다. 황토 묻은 얼굴을 쓸어내는 내 모습이 우스꽝스러웠는지 그이는 큰소리로 웃었다. 일으켜 세우고 옷에 묻은 흙을 털어주면서도 껄껄거렸다. 민망해서 물뿌리개로 물장난을 치며 소리를 지르다보니 마당에서 놀던 딸아이까지 가세하여 한바탕 소란을 떨었다. 아마도 우리가 흘리는 깨알 같은 웃음에 오이 모종도 한 뼘 더 자랐을 터이다.

얼마 후 대나무 지지대를 감고 올라간 줄기에 노란 오이꽃이 보였다. 틈틈이 물을 주는 정성을 기울여서인지 손가락 마디만 한 오이가 열리기 시작하자 언뜻 바람만 불어도 제 몸통과 키를 부풀리며 하루가 다르게 자랐다. 신통했다. 주렁주렁 열린 오이는 따고 또 따도 그야말로 화수분처럼 계속 열렸다. 싱싱하여 바로 베어 먹기도 했지만 한두 개면 오이냉국이 양푼 가득했다. 식구들 앞앞이 내놓고는 습관처럼 조금 남겨 부엌으로 가져갔다. 상을 물린 후 모두가 휴식할 즈음 나는 남은 냉국을 후루룩 들이켜는 것이다. 그때의 맛은 어떤 음식과도 견줄 수 없는 감미로운 맛이었다. 텃밭에서 그이와 나누었던 달콤한 시간을 음미하는 맛이기도 했다.

그랬다. 딸아이는 오이냉국에 담긴 추억의 맛을 일깨워 준 것이다. 특별한 의미가 담긴 음식은 닫혀있던 오감마저도 깨워 주었다. 채썬 오이에 소금과 식초, 매실청을 넣고 오물조물 무쳐 통에 담았다. 불쑥불쑥 북받치는 설움에 목이 멜 때마다 조금씩 덜어내어 한 모금 넘긴다.

그때처럼 오이냉국을 양푼째 들이키려면 얼마만큼의 시간을 보내야 할까.

고르고

생강편강을 만들기 위해 딸이 사는 아파트단지 내 가게에 들어섰다. 세 평 남짓한 채소가게는 손님들로 왁자하게 붐볐다. 상품이 좋고 가격이 저렴하다는 얘기를 익히 들어서 알지만 이토록 문전성시를 이룰 줄은 몰랐다. 그것도 오전 11시경 문을 연 후 서너 시간 후면 문을 닫기 때문에 서둘러야만 했다.

생강이 어찌나 빛깔이 좋고 튼실한지 예상했던 것보다 많은 양을 샀다. 설탕에 졸여 맛깔스럽게 된 편강을 나눠먹으려면 이 정도면 충분하지 싶다가도 자꾸 손이 간다. 신선한 파프리카, 꼬마양배추도 탐이 나 한두 가지 더 고르는데 계산대에는 이미 많은 사람들이 줄을 섰다.

"2,700원에 3,500원이면 6,200원…, 6,200원에 1,500원이면…."

큰 소리로 셈을 더해가는 청년의 계산법에 따라 나도 모르게 암산을 한다. 모르긴 해도 장을 보는 이들도 은연중에 한두 단위 정도는 암산할 터이다. 머리를 쓰는 재미있는 계산법이라 여기며 느긋하게 장바구니를 채웠다. 긴 줄이 마음에 걸리긴 하지만 집에서 이십여 분 소요되는 곳이라 번거롭게 내일 다시 올 수는 없는 일이다. 기다림이 지루했던 손님이 젊은 사람이 계산기를 두드리면 빠르고 정확한데 왜 비효율적인 방법을 쓰느냐고 쓴소리를 해댄다. 그 소리에 그저 헤벌쭉 웃는 청년의 눈빛에 소신이 들어있음을 보았다.

아마도 계산기는 암묵적으로 두드리지만 그의 방식은 물품의 가격을 큰소리로 구매자에게 재확인시키고, 덧셈에 덧셈을 하는 동안 신뢰를 쌓고자 하는 게 아닐까. 또한 기계적인 방법으로 인해 장터에서 주고받는 소소한 얘깃거리마저 배제되는 게 아쉬워서일지도 모른다. 마무리 단계에서는 단골뿐만 아니라 처음 온 손님에게도 깍듯하게 안부를 묻는 인간미도 있다. 하물며 최종가의 끄트머리 몇 백 원쯤은 호기롭게 날려버리니 그의 계산법에 이의를 달 리 만무할 터이다. 그러면서 사람 사이의 친밀도를 더 높여가는 것이리라.

가게에 몇 번이라도 들러본 이들은 청년의 어떤 방법도 흡족하다는 표정을 짓는다. 일찍 왔다고 산나물 한 움큼 더, 늦게 왔다고 풋고추 한 개 더,라며 어떤 구실을 붙여서라도 반짝 이벤트에 덤까지 준다. 박리다매도 이 정도면 수위를 넘지 싶건만 흥을 돋우는 일은 한결같다.

보통 가게 주인은 인상이 후덕한 중년여성이련만 '고르고'는 세 명의 청년이 주인이다. 하나같이 작은 키에 아담한 체구지만 다부지고 친절하다. 이득을 남기고자 하는 악착스러움은 보이지 않고 순한 눈빛이다. 각자 맡은 분야에서 열성을 다하다 보니 가게가 열리는 동안은 한바탕 축제장이다.

새벽 경매시장에서 가져온 채소는 더할 나위 없이 싱그러워,

야들야들한 촉감에 식감 또한 알만하다. 빛깔 고운 과일은 속살이 여물대로 여물어 향이 진동을 한다. 구색을 갖추느라 두 상자만 가져왔다는 문어와 낙지 등의 해산물은 꺼내자마자 바닥이 드러난다. 이미 신뢰감으로 신선도가 검증된 상태이다. 소소한 것도 망설임 없이 선택하는 이면에는 그 사람의 진실성을 인정하고 있음이다.

이따금 귤 한 상자 매대에 쏟아 붓고는 한 개씩 맛보며 장을 보란다. 이런 소소한 재미가 있어 자주 찾아온다는 노인은 습관적으로 서너 개를 집어들지만, 알고도 모른 체하는 게 그들의 인심이다. 소비자에게 구매의욕을 부추기기보다는 듣기 좋은 고음과 경상도 특유의 싹싹한 말씨로 곰살맞게 대하니 모두가 가족 같은 정으로 어우러진다.

포대에 꽉 찬 옥수수를 마당에 쏟아 부으며 "열두 개 만 원."이라고 외쳐 두면 필요한 양만큼 껍질을 까서 가져가기도 하고, 쪽파나 마늘 따위는 말끔히 손질해서 가져간다. 개수를 헤아리는 복잡한 절차는 생략한다. 무, 단호박, 콜라비 등은 크기에 상관없이 가격이 동일하다. 이럴 땐 먼저 온 사람이 크고 좋은 것을 고르는 재미도 쏠쏠하다. 일부 고르고 남은 것도 때깔이 곱다. 게다가 시중가격보다 저렴하여 이리저리 견줄 필요가 없다. 막판에는 '떨이'라는 명목으로 몽땅 안겨줘 그야말로 '고르고'는 인정을 나누는 소통의 장이 된다.

고학력에 자격증만 있으면 취업하기 쉽다던 말은 이제 옛말이 되었다. 현실은 암울하게도 3040의 실직이 늘어나고 있는 추세여서 생활이 힘들고 무기력해진다는 말은 당연하다. 그 와중에도 더럽고, 힘들고, 위험하고, 원거리 4D 업종은 기피하고 있으니 좀 더 진취적인 사고가 아쉽다. 이런 때 학력과 자격증 따위에 연연하지 않고 새로운 아이템으로 창업하여 원대한 꿈을 펼치는 청년들이 있어 참으로 흐뭇하다.

여태 살아온 환경과는 달라도 열정적으로 노력하고 있는 한, 보람은 삶을 더없이 풍요롭게 할 것이다. 그들의 '고르고'는 여전히 성업 중이다.

"어머니~, 대추 한 알 맛보면서 고르이소."

목덜미에 노동의 땀이 흥건한 건강한 목소리가 오늘도 발길을 잡아끈다.

커튼을 열다

"1번 님 오늘은 커튼을 젖혔네요."

입원한 지 삼 일 만이다. 커튼을 열자 기다렸다는 듯이 그녀가 불쑥 말을 건넨다. 예상했던 그녀의 인사치레에 미소로 화답했다. 창가에 놓인 아이비가 오월 햇살을 받아 초록빛을 한 움큼 쏟아 낸다. 초록빛은 목발을 짚고 선 그녀의 얼굴께로 스며들고 침실 위 4번이란 숫자에도 닿았다. 복대를 한 2번과 무릎에 깁스를 한 3번도 눈인사를 한다. 4인실에서의 첫 대면이다.

며칠 전 극심한 허리 통증으로 119 구급차에 실려 입원했다. 척추 3, 4, 5번 추간판탈출이란 진단은 앞만 보고 달려온 내게 급제동을 걸었다. 버나드 쇼의 "우물쭈물하다가 내 이럴 줄 알았다."는 말처럼 평소 디스크의 조짐이 보였는데도 무심했고 방관한 탓이다. 넘어진 김에 쉬어간다고 마음을 안정시키며 커튼 속 영역에서 철저히 나만의 시간을 보냈다. 움직이는 게 여의치 않아 꼬박 누워 있어야 했다. 게다가 이명까지 들려 주변 사람과 말을 섞는 일이 내키지 않았다. 나름의 기준을 세워 상대방과 차단된 커튼 안에서 아픈 몸을 추슬렀다. 홀로서기에 익숙해진 터라 보행기에 겨우 몸을 의지한 채 화장실을 오갈 때도 되도록 말을 삼갔다. 등 뒤로 호기심 어린 그들의 눈빛을 느꼈지만 낯설고 불편한 곳이라 의식의 흐름대로 지냈다.

그들의 상태에 대해서는 알 필요를 느끼지 않았다. 남의 큰 상처보다는 내 손톱 밑 가시가 더 아팠기 때문이다. 몸의 중심인 허리가 허물어지자 힘이 다 빠져나간 듯했다. 그리 쉽게 하던 앉아서 일어서기가 꿈인 듯 아득했다. 반듯이 누워 허리를 다스리는 일에 전심을 다했다. 그러는 동안 잠이 덜 깬 이른 아침에 불을 켜고, 면회 마감시간 전에 불을 끄는 2번의 행동에도 개의치 않았다. 소소한 일에 마음 쓸 여력조차 없었다. 하지만 커튼의 경계를 넘나들며 쉴 새 없이 들려오는 잡다한 얘기는 정신을 어지럽혔고 부산스럽게 움직이는 그들의 태도도 마뜩잖았다.

참다못해 간호사에게 병실 이동을 원했으나 빈자리가 없다며 귀마개를 살며시 손에 쥐어준다. 입원한 지 한 달 가량 된 2번은 색다른 커튼을 마련하여 한 번씩 바꿔 달라, 휴게실을 쾌적하게 해달라며 불편사항을 당당하게 요구했다. 오래 입원한 환자가 우수고객이라는 상업적인 멘트도 서슴없이 했다. 그들의 행동반경을 꿰뚫고 있는 간호사는 내 요구에 응하기보다 도리어 나를 설득시켰다. 전후 상황을 살펴보니 입실 초보인 내가 볼멘소리할 입장이 아니었다. 그들 말대로 병원에서는 오래 있는 환자를 관리하는 게 우선순위인 게다. 어떻게 보면 예민한 내 성격 탓일 뿐, 그들의 행위를 탓할 수 없는 일이다. 갑자기 닥친 질병에 맥 놓지 않고 수다로 시간을 보내는 것이 지혜로운 방법이지 싶다. 상대방의 입장을 헤아리고 보니 입원해 있는 동안이나마 마음의 벽을 허물어야 되겠다는 생각에 커튼을 열어젖힌 것이다.

그들은 드리워진 커튼 때문에 갑갑했다며 그동안 불편했던 일들을 드러냈다. 입원한 지가 제법 되다 보니 서로가 친숙해져 언니, 아우하고 지내는 분위기다. 내게 '1번 님'이라고 부르는 4번은 얼마나 아프면 커튼을 쳤겠냐고 위로의 말을 건넸다. 그러면서 시시콜콜한 얘기로 수다를 떨다보면 고통도 잠시 잊을 수 있고 세월도 잘 간다고 은근히 대화에 끼어들기를 유도했다.

자신의 몸이 종합병원이라고 한 4번은 어느 한 군데도 성한 곳이 없다며 훌러덩 옷을 벗어 보여주는 바람에 당혹스러웠다. 넘어져서 부러지고, 마모되어 탈골된 연약한 몸이 수술 자국투성이었다. 묻지도 않았건만 전문병원과 명의도 척척 알려준다. 애환이 쌓인 만큼 할 얘기도 많은가 보다. 커튼 속에서 귀가 쟁쟁거렸던 이유도 4번의 속사포 같은 말 때문이었다. 고달프고 지난한 삶을 산 그녀가 애처롭기는 했지만, 무턱대고 내뱉는 말은 타인에게 결례를 범하는 일임을 알았으면 싶었다.

이따금 복대도 깁스도 풀고 목발도 내버려둔 채 고참인 2번과 속사포 4번은 인근의 장터로 나선다. 영양식을 고루 섭취해야 한다며 과일과 채소를 양손에 들고 올 때면 내 허리가 휘청한다. 어떻게 치료해 온 몸인데 저렇듯 마구 쓰는가 싶어 현기증이 난다. 약간 호전되었다고 몸을 아끼지 않으면 단박에 도루묵이 될 텐데 어쩜 저럴까 싶으니 말문이 막힌다. 그들의 부산스런 움직임 앞에서는 가급적 통증을 느끼지 않으려고 버젓이 드러누운 내 모습이 민망하기까지 한다. 아니나 다를까, 그날 밤에는 앓는 소리로 몸을 뒤척인다. 어쩔 수 없는 성격 탓이라 하기엔 무모한 일이다.

보름 동안 보아온 그들의 모습은 이해 불가였다. 아무리 보험료가 백 프로 나온다지만 식후에 먹는 약도 소홀히 하고, 두 시간 전에 취소 가능한 식사도 나오면 그냥 물렸다. 그들의 경제력까지야 알 턱이 없지만 소중한 돈이 연기처럼 새어나가는 것 같아 안타까웠다.

나보다 예닐곱 살 많은 3번은 그들이 자리를 비운 사이 난감했던 일들을 털어놓았다. 얘기에 동참하지 않으면 소외되기 십상이라 호응해주고 맞장구를 쳤단다. 그래야만 속 편하다고.

내가 오기 전 1번 환자는 그들의 극성에 못 이겨 6인실로 옮겼다고 했다. 며칠 후 퇴원을 앞둔 3번은 내게서 좋은 인상을 받았다며 그래서인지 2번, 4번도 함부로 하는 것 같지 않다는 귀띔을 해주었다. 아마 나도 3번처럼 그들의 얘기에 귀 기울여 주고 적당히 호응해 줘서 그런가 보다. 내치기보다 받아들이는 편이 처신하기 편하다는 것을 이미 커튼 안에서 깨달았지 않은가.

속내는 각자가 달랐다. 겉으로는 서로 친숙해 보이지만 까칠한 부분을 꼬집어 내게 넌지시 일러 주었다. 묵묵히 듣고는 있지만 그들의 입방아에 내 얘기도 오르내렸으리라. 커튼을 열고 나니 물어보지 않아도, 궁금해 하지 않아도 저절로 아는 게 많아진다. 이 또한 치유의 한 방법으로 자리해도 되려나.

삶은 가까이서 보면 비극이고 멀리서 보면 희극이라는데 그들의 속을 알고 나니 비극도 희극도 공존하는 것 같다. 삶이 한낮 꿈에 불과하다지만 그럼에도 살아있고 싶다고 버둥거리는 것처럼.

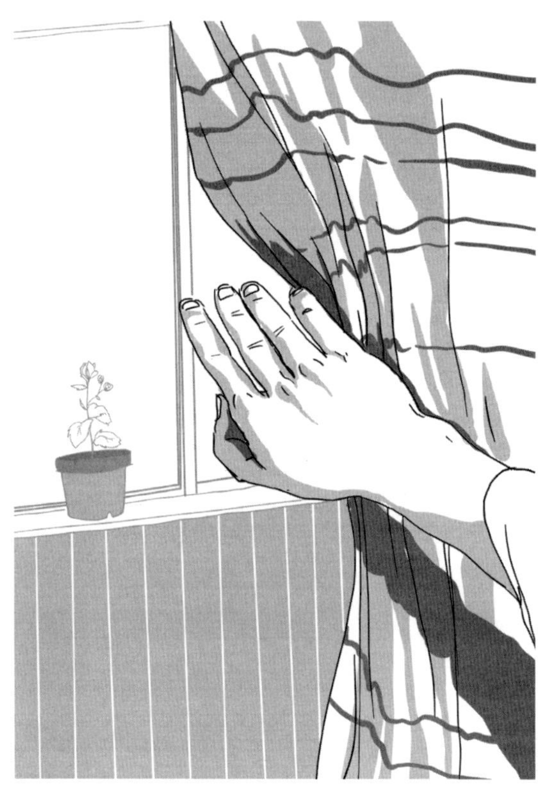

비 내리고, 그치다

성급하게 여름을 깨우던 덩굴장미가 장맛비에 흠뻑 젖었다. 빗물 머금어 유난히 푸른 잎사귀를 보면 가슴이 뛴다. 장미가 돋보이도록 자신이 품은 색을 한껏 드러내기 때문이다. 선명한 두 색깔이 주변을 밝히자 빗줄기조차 명료하다.

6월 장마로 인한 적적함이 싫지 않지만, 우렁우렁 퍼붓는 빗소리는 마음에 파고를 일으킨다. 머릿속에 갈증을 해소하고 싶다는 강한 욕구 이외에 아무것도 떠오르지 않을 때면 무작정 빗속을 걷는다.

덩그마니 혼자 우산을 쓰고 비가 내뿜는 공기를 흠씬 들이마시자 아릿한 슬픔과 희열이 뒤섞인다. 수없이 만나고 헤어졌던 인연들로 감정의 도수는 변화무쌍했다. 뜨겁거나 차갑거나 혼란스럽거나 평온하거나 그 사이에서 전전긍긍했다. 행복을 주는 것도 사람이지만 상처를 주는 것도 사람이었음을 어리석게도 뒤늦게 깨달았다.

갈증을 해소하기 위한 방편으로 나선 일이 오히려 마음을 심란하게 하지만, 이 또한 비가 베푸는 혜택이 아닌가 싶다. 복잡한 생각들을 단순하게 만들어 버리니 말이다.

보도블록 틈으로 풀꽃이 돋았다. 오가는 사람들의 발길에 무수히 짓밟혀 허리가 꺾이고, 세차게 흐르는 빗물에 단박 쓸려갈 듯한데도 강인한 생명력으로 버티고 있음이 대견스럽다. 그에 비해 나는 쉽게 상처받고, 상대를 용서하기보다 내 심정 헤아려 주기만 바랐으니 참으로 부끄러운 일이다. 비는 어리석고 나약한 정신을 일깨워 주려는 듯 줄기차게 내린다.

이런 날은 사물에 대한 몰입도가 높다. 평소 눈여겨보지 않던 것도 꼼꼼하게 챙겨보고, 그것에 닿는 감각도 여느 날과 다르게 밀도가 더하다. 마음이 통째로 젖어버리기 때문이다. 게다가 찻집에서 흘러나오는 감미로운 멜로디까지 더해지면 젖은 낙엽을 말리듯 은근한 불씨가 가슴에서 일어난다.

시원시원하게 뻗은 메타쉐콰이어를 향해 뜬금없이 두 팔을 뻗고, 담장을 기웃거리는 석류꽃 붉은 볼도 이유 없이 잡아당기고, 빗물 고인 웅덩이 앞에 오도카니 앉아 나르시시즘에 빠지는 일도 서슴없이 행한다.

비에 젖은 나무 냄새가 참 좋다. 비 내림으로 주변에 생기가 돈다. 보리수의 새치름한 얼굴은 점차 붉어지고, 어느새 화무십일홍이 된 작약도 제 몸에 씨방을 한껏 부풀려 놓았다. 가녀린 달개비는 발돋움하느라 한창이고, 손끝만 닿아도 톡 터지는 봉숭아도 여물 대로 여물었다. 물밑 같은 고요 속에서도 끊임없는 움직임이 일듯 생명을 이어가는 저들의 몸짓이 경이롭다.

어느 틈에 비가 그쳤다. 빗소리가 멈추자 바람조차 차분하다. 저만큼 풀숲에서 두꺼비가 기어 나오다 꼼짝도 않는다. 내

정체가 녀석의 레이더망에 걸렸나 보다. 모처럼 나들이에 예측지 못한 장애물을 만났으니 바짝 경계를 한다. 껌벅거리는 눈꺼풀이 주변을 제압할 만큼 무거워 보인다. 한걸음 더 내딛지 못하는 것은 나도 마찬가지다. 곁눈질로 적당한 긴장을 유지하다가 안심이 되었는지 태연히 풀숲으로 사라졌다.

하마터면 오해로 인해 녀석을 해코지할 뻔했다. 대수롭지 않은 일에도 예리한 판단이 필요함을 깨닫는다. 두꺼비의 압도적인 눈빛이 하루에도 몇 번씩 빛과 어둠으로 마음이 기우뚱하게 쏠리는 내게 조용한 메시지를 남겨주었다.

햇볕이 물기를 거둬들이자 생동감이 출렁인다. 꼬꾸라져 있던 식물들이 본래의 색보다 더 깊은 색을 머금고 분연히 일어난다. 자연스럽게 제자리를 찾는 현장에서 치열한 생존경쟁의 준비가 시작된다. 그런데 어쩌나. 젖은 몸을 말리기엔 아직 이른 것 같은데 지렁이 한두 마리가 나타났다. 땅바닥에 배를 깔고 꾸물거려봐야 멀리 못 가서 주검으로 널브러지고 말 텐데…. 생애 전체가 환부인 지렁이의 꿈틀거림은 목숨 부지를 위한 필사적인 것일 텐데…. 나뭇가지로 녀석의 몸을 들어올려

위험지대에서 벗어나게 했지만 어느 틈에 또 나올지도 모를 일이다. 문득 어느 시인의 글귀가 생각난다.

10센티도 채 안 되는/ 한 오라기 실 같은/ 생로병사

인생 부실한 관계로 이 앙다물고 살다보니 어금니가 망가졌다는 지인의 말처럼 실핏줄이 보일 만큼 투명한 지렁이의 몸에서도 생로병사는 지나간다. 비 내리고 그치는 이 순간의 감격도 내 인생에 단 한번 뿐임에랴.

접은 우산 속에 또르르 말려있는 빗방울이 툭 떨어진다.

꽃물 든 숫돌

화분 사이에 놓여 있는 숫돌을 꺼낸다. 햇볕에 바싹 말라 목이 타는 듯 거칠다. 목축임부터 하라고 물 한 방울 흘리니 진회색의 촉촉한 몸피를 드러낸다. 제 할 일을 하려는 각오마냥 윤기마저 띤다. 그동안 숱하게 닦달당해 가슴팍이 옴팍 파였건만 저항한 적이 없다. 어떤 형태의 것이든 스스럼없이 받아들인다. 제 살을 깎아 낸 희생의 대가로 날을 세운 것의 기세에도 아랑곳하지 않고 언제나 넉넉한 품을 보인다.

가끔 아파트 모퉁이에 서 있는 트럭에서 "칼 갈아~~, 가위 갈아~." 라고 외치는 소리가 한바탕 부엌의 연장들을 들썩거리게 하지만 나는 끄떡도 안한다. 그는 고작 불꽃 튀기는 전동 그라인더로 칼날을 세우지만, 아무려면 시골마당 치자나무 아래 꽃물 머금은 숫돌의 실력만큼이나 하겠냐 싶기 때문이다.

지금은 아파트로 가져왔지만, 예전 농촌생활에서는 칼이며 도끼, 낫 등의 연장들을 숫돌에 갈았다. 숫돌은 없어서는 안 될 존재였다. 효율성을 높이기 위해 숫돌을 통나무로 만든 홈에 몸의 절반을 비스듬히 묻고 촉으로 틈을 단단히 메웠다. 입자가 단단한 것과 부드러운 것을 양쪽에 두고 날의 성질에 따라 선택해서 사용했다.

넓은 밀짚모자를 눌러쓰고 숫돌에서 낫의 날을 세우는 아버님은 손끝과 눈으로 감도를 맞추었다. 간헐적으로 물을 뿌리면서 면밀하게 확인을 거듭했다. 햇살에 반짝이던 순백의 오묘한 빛은 공기도 반으로 가를 듯 예리했다. 참으로 진지하면서도 날렵한 손놀림이었다. 그럴 땐 나비의 날갯짓도 숨죽일 만큼 엄숙했다.

숫돌과 단짝인 고무대야에는 파란 하늘과 치자 꽃잎이 반쯤 담긴 물에 남실거렸다. 자칫 단순반복적인 일이 지루하지 않도록 사전에 꽃잎을 따다 띄운 것이다. 날을 세울 때는 누르는 힘과 속도에 따라 날의 형태가 달라지니 느리지도 빠르지도 않은, 들숨과 날숨의 적절한 조화가 중요하다. 칼날과 숫돌의 간격을 최대한 밀착시키면서 모든 신경을 그곳에 집중한다. 주인이 베푸는 꽃물 한 모금이면 숫돌은 제 기량을 한껏 발휘하니 신통했다. 날을 세우는 일도 혼신을 다하는 일이다.

나는 칼을 숫돌에 설렁설렁 갈면 날이 서는 줄 알았다. 부엌일을 하다가 급하면 장독 모서리에 쓱싹 문지르기만 해도 제법 쓸 만했으니까. 하지만 숫돌은 얼렁뚱땅해서는 오히려 날이 손상되고, 하찮은 것도 성심을 다할 때라야만 제 가치를 발한다는 것을 알게 했다.

사람 관계도 그런가 보다. 희생과 배려가 몸에 배인 사람, 타인의 실수도 긍정적인 마음으로 품어주는 숫돌 같은 사람이 있는 반면, 선한 마음을 이용하여 자신의 업적인 양 위세를 떨치는 칼날 같은 사람도 있다. 숫돌이 제 살을 깎아내며 오롯이 날을 세우는 것은, 세상일이 진실로 흐르는 것이 아니라, 흐르는 대로 진실이 된다는 어쭙잖은 말을 도려내기 위함이다.

숫돌에 칼을 간다. 꽃물을 들인다. 예전의 치자 꽃잎 대신 영산홍 꽃잎이다. 호흡을 고르게 하여 숫돌과 칼의 간격을 밀착시킨다.

고요 속에 날이 선다.

캐리커처

낯설다. 어색하다. 나와 닮긴 했지만 썩 마음에 들지 않는다. 잘 나왔다고 건네는 인물 사진을 봐도 부인하는 판인데 하물며 이미지를 그린 캐리커처가 마음에 들 리 없다. 딴사람 같다고 투덜댔지만 식구들이 이구동성으로 나와 닮았다고 한다.

거실 장식장 위에 세워두고 부엌에서 일하다가 본다. 큰방으로 들어서기 전에 또 본다. 마치 낯선 사람을 보고 울음을 터트리는 아이가 또 돌아보는 것처럼 반사작용이 일어난다. 맘에 차지 않는다면서도 묘하게 끌린다. 크지 않은 눈과 낮은 코, 짙은 눈썹과 옴폭 파인 보조개. 동그란 얼굴선에 맞닿은 짧은 목을 보니 영판 나다. 이목구비뿐만이 아니다. 밝게 웃음 짓는 이미지가 어쩔 수 없는 나다.

얼마 전 아들의 카카오스토리에 들어가 보고는 깜짝 놀랐다. 마치 개그맨들이 개그를 하는 듯한 생생한 표정을 본 것이다. 개개인의 본질적인 특성을 제대로 살린 캐리커처는 요즘 말로 살아있었다. 댓글에도 맞장구치는 글과 적절한 이모티콘이 올려져 있어 공감을 나타냈다.

은근히 호기심이 생겨 다음 장을 넘기다 보니 경무과에 새로 부임한 상사의 캐리커처도 있다. 깔끔한 제복에 권총을 찬 위엄 있는 모습이 꽤나 근사했다. 흑과 백의 명암을 독특하게 처리했다. 동료 부부도, 돌잔치 그림도 생동감 있게 잘 그려졌다.

그 후 지나가는 말로 나도 그려 달라고 했다. 우연한 계기에 아들이 집에 들렀을 때 스케치북을 들고 와서는 나를 의자에 앉혔다. 스치듯 한 말을 허투루 듣지 않고 기억한 것이다. 꼼짝 않고 아들을 바라보았다. 날렵한 손놀림과 나를 주시하는 눈매가 예사롭지 않았다. 웃는 얼굴을 잘 그려달라며 광대근육을 살짝 치켜올렸지만 과묵한 아들은 열심히 그려갔다. 스케치북에 어떤 모습이 그려지는지는 볼 수 없어도 몰입하는 모습은 꽤 진지했다.

아들이 그려내는 내 모습이 어떨지 궁금했다. 보이는 대로만 그리지는 않을 것이다. 눈을 보면서 내 마음도 읽어내는 것일 게다. 제대로 보았으면 하는 바람과 속내는 들키지 않아야지 하는 마음이 공존한다. 묘한 심정이다. 마주본다는 것은 마음을 모두 보여주는 것과 다름 아니다. 스케치북을 사이에 두고 아들은 나를 읽고 나는 아들을 읽는다.

기동대에 근무할 때는 불철주야 시위대를 제압하느라 곤혹을 치르는 일이 한두 번이 아니었다. 이동 경찰서 격인 버스 안에서 근무를 했으니 기지개 한번 제대로 펴지 못했을 테다. 그때마다 동료들의 모습을 익살스럽게 그려 한바탕 스트레스를 날렸다. 주변에서 원하면 적당히 둘러대도 될 일을 거절하지 않고 기꺼이 그려 줘 동료애도 남달랐다. 긴장된 범죄와의 전쟁에서 휴식을 취할 때면 한두 번 재미삼아 그렸던 것이 경무과로 발령받고서도 그림을 전담하는 홍보부로 이어졌다. 이제 참신한 아이디어로 4대 사회악 근절과 아이언 맨까지 동원한 그림을 그려 인터넷을 뜨겁게 달구고 있다.

스케치북의 지우개 자국을 털어내는 것을 보니 거의 완성단계인가 보다. 최선을 다하는 모습에서 몇 년 전 보았던 몽마르트 언덕에 있는 거리의 화가가 떠올랐다. 숱한 관광객들의 소란을 의식하지 않고 미동도 없이 그림을 그리던 집중력. 그때 나는 순식간에 자화상을 그려내는 그들의 천재적인 능력에 탄복을 했다. 어쩌면 그리도 쏙 빼닮을 수 있을까. 그림 속의 인물은 실제보다 훨씬 생기 있고 아름다웠다. 아마도 여행객의 마음을 흡족하게 해 주고 싶었으리라. 그날 서둘러 다음 행선지로 가지 않았더라면 내게도 몽마르트 언덕에서 그린 자화상 하나쯤은 있었을 터이다.

아들이 그려주고 간 캐리커처도 단연코 활기차고 밝은 표정이다. 아들도 몽마르트의 화가처럼 내 마음에 들게 그려주고 싶었던 것일까. 그렇다면 아들은 내게서 무엇을 읽어낸 것일까. 툭하면 감정의 기복에 따라 우울 모드가 되는 것을 자제하고 그림을 볼 때마다 웃어보라는 의미를 남겨둔 것일 게다.

차츰 낯설고 어색하던 느낌이 사라지고 친근하게 다가온다. 사실 나는 내가 생각하는 내가 아니다. 상대방의 시각에 투영된, 겉모습뿐만 아니라 내면까지 인식된 모습이 본연의 나일 것이다. 아무리 나라고 주장해도 객관적인 평가에 의해 존재하는 것을 간과할 수는 없는 일이다. 하지만 가당찮게도 인간미 있고 자신이 추구하는 이상적인 모습일 때라야만 그 사실을 인정하고 싶으니 이 무슨 아이러니인가 싶다.

캐리커처를 유심히 들여다본다. 가볍게 터치한 선마다 아들의 섬세한 눈빛이 살아있다.

눈치 백단

침묵은 금이 아니라 불길함이다. 적어도 나에게는 그렇다. 며칠째 말을 하지 않는다면 과묵한 성격이라는 듣기 좋은 말보다 갑갑하다는 감정이 더 강하게 작용한다. 속내를 시원히 털어놓았으면 싶은 마음은 관심이 집요할 때이다. 그 시기를 넘기면 아예 뒤로 물러서서 기다려보기로 한다. 하지만 초조함은 불길함을 몰고 온다. 특이나 남자의 자존심이 걸린 문제라면.

며칠 전 정기진료를 받은 후부터 부쩍 표정이 어둡다. 무슨 일인지 물어보기가 조심스러워 남편의 언저리만 맴돈다. 혹여 감당하기 버거운 말이 덜컥 가슴을 누르면 그 황망함을 어찌할 바 몰라 모른 척하긴 해도 여간 신경 쓰이는 게 아니다.

37년을 함께 살았으면 무슨 생각을 하고 있는지 짐작이 간다. 혹여나 하는 노파심에 예전과 같은 일은 없어야 한다고 우격다짐을 했다. 지금은 완치되었지만 혼자서 병을 키우던 그 때가 떠올랐기 때문이다.

부부라면서 어떻게 관심이 없었느냐는 의사의 일침에 얼굴이 화끈거렸다. 그동안 무심했다는 나의 반성보다는 고민되는 일을 진작 상의하지 않던 남편에 대한 원망이 앞섰다. 그 후부터 약간의 이상 증세만 보이면 민감하게 촉을 세웠다. 그 바람에 눈치 백단이란 별명까지 얻었다. 어차피 내가 감당해야 할 일이라면 미연에 허술함이 없어야 했다.

고뇌하는 모습이 검은 산 같다. 각진 어깨가 힘없이 무너지고 늠름했던 체구도 예전과 같지 않다. 다크서클이 턱밑까지 내려올 것 같은 위태로움에 납덩이 같은 무게를 내려놓으라고 끈질기게 설득했다. 그제야 물끄러미 나를 바라보는 남편의 눈빛이 촉촉하다. 오래전 가슴 설레게 했던 강렬한 눈빛은 간데없고 마냥 쓸쓸해 보인다.

허탈감으로 일그러진 얼굴에 까칠한 수염을 보자 무뎠던 감정에 파문이 인다. 삶에 지친 애처로운 모습. 내 남자의 얼굴을 이토록 온전히 바라본 적이 언제였던가. 그를 짓누르는 것이 무엇이든 가뭇없이 쓰러지는 자신감을 회복시키고 싶었다.

십여 년 전, 공금 횡령으로 무너진 모 아파트의 관리 체제를 정상화 해 달라는 사측의 의뢰가 남편에게 왔었다. 대기업의 간부직을 그만 둔 후 공백기여서 그들의 솔깃한 제의에 수락했다. 삼 개월을 노력한 결과 새로운 일터에 구심점이 되었다. 소박한 동읍 주민들과 오랜 세월 함께하며 가능하다면 남은 생의 마지막 직장이길 바랐다.

하지만 4년 주기로 회장이 바뀌는 통에 조직체계가 흔들렸다. 입주자 대표회의 회장이 순환 운영의 가능성을 사측에 물어 본 것이 불길한 예측의 단초가 되었다. 결국 혼신을 다한 공로는 물거품이 되고 어이없게도 퇴사를 해야만 했다. 그 허망함과 실망감이 남자의 자존을 일시에 무너뜨렸다.

남편의 침묵은 체념이었다. 삶의 굴곡을 여러 번 넘나들었기에 물러설 때를 알았다. 아득바득 밀고 당기기에는 적지 않은 나이 탓도 있었다. 설핏 아득한 현기증이 일었다. 실직의 아픔이 가슴을 후볐지만 한편으로는 다행이라고, 건강에 대한 우려는 하지 않아도 되니 오히려 잘되었다고 호들갑을 떨었다. 그동안 온갖 것들로부터 중심이 되어 살아 왔으므로 이제 진정한 안식을 취할 자격이 있다고, 시간의 얽매임으로부터 벗어나 하고팠던 일 마음껏 누려보라고 소리 질렀다. 허공을 울리는 소리가 때로는 정적 속에 깔려있는 생기를 불러내기도 하나 보다.

지도를 꺼내어 한참을 들여다보던 남편이 선뜻 메모지를 내밀었다. 거기엔 동백꽃이 한창인 고창 선운사도 있고, 부여의 낙화암과 낙조가 아름다운 태안의 꽂지해변도 있다. 노을을 등지고 모처럼의 여유로 해변을 걷는 모습은 상상만으로도 설렌다. 양 떼가 자유로이 풀을 뜯는 대관령도, 야생화가 지천인 천상의 화원 곰배령도 있어 갑자기 상큼한 풀꽃 향기가 코끝을 스치는 듯했다.

그런데 마음이 들뜨다가도 이내 착잡해졌다. 현재 상황을 잊기 위한 방편으로 여행계획을 세우지만 앞날에 대한 근심을 떨칠 수는 없었다. 그 심정을 내색하지 않으려 억지웃음을 짓자니 목울대가 아릿하다. 슬픈 행복은 통증을 수반했다.

혹여 남편의 오랜 경륜이 참작되어 희소식이 온다고 해도 이번만큼은 결심이 단호하다. 서로 소홀했던 부분들을 다시 챙기고 충전하기에 좋은 기회니까. 남편의 공허한 마음을 메우기 위해 여행용품들을 가방에 챙겨 넣고 바로 떠날 만반의 채비를 다하였다. 삶이 엉키고 슬플 때 좋은 추억이 견딜 수 있는 힘을 주듯 훌쩍 여행을 떠나는 것도 필요한 일이다.

출발하기 이틀 전 전화가 왔다. 따스한 햇살을 감싸며 영산홍이 막 꽃봉오리를 밀어올릴 때였다. 여느 때와는 달리 차분하면서도 떨리는 남편의 목소리에 가슴이 먹먹했다.

"집에서 먼 거리이긴 한데, 내일 인수인계하고 모레부터 바로 출근하라는데 …."

굳이 보지 않아도 엷은 미소를 지으며 안도의 숨을 길게 내뱉으리라. 이럴 땐 눈치 백단이란 단수를 내려놓고 싶다.

넘어진 김에 쉬어 간다는 말도 내 남자에게는 소용되지 않는 것일까.

오작동

잠결에 경보음이 미세하게 들린다. 새벽잠을 방해하는 소리는 아파트 단지 내에서 나는 듯했다. 가끔 경보장치가 있는 차를 건드렸을 때 그러했다. 그런데 몇 분이 지나도 멈추지를 않는다. 승용차에 적힌 폰 번호로 연락하면 금방 해결되련만 어느 누구도 안락한 잠자리를 벗어나긴 귀찮은가 보다. 목마른 사람이 우물 판다고, 속 시끄러운 내가 나서려고 일어섰다. 거실로 나오자 아주 가까운 곳에서 들린다. 쟁

쟁한 소리에 이끌려 현관문을 여니 바로 앞집에서 나는 소리다. 확성기를 튼 것 마냥 크게 울려 순간 가슴이 철렁했다.

무슨 일일까, 이 새벽에. 여태껏 아무 조치도 않고 있는 것이 이상하다. 초인종을 눌렀다. 인기척은 들리지 않고 개 짖는 소리만 요란하다. 현관문을 두드리며 목청껏 소리도 질렀지만 아무런 대답이 없다. 불안감이 더해진다. 혹시 가스 유출로 인한 경보음인가 싶어 문틈에 코를 대고 냄새를 맡아보았으나 그런 것 같진 않다. 얼마 전 내부공사를 하더니 혹여 들여놓은 장비에서 일산화탄소가…. 세상이 하 수상하다 보니 별별 생각이 다 들었다.

끊이지 않는 경보음과 개 짖는 소리에 위아래층 사람들이 우르르 나와 웅성거렸다. 앞집에 대해 아는 게 없는 것은 나뿐만이 아니었다. 이사 온 지 두 달이 되었지만 통성명을 나눈 집이 없다. 가끔 승강기에서 마주칠 때 눈인사만 했으니 전화번호를 알 턱이 없다. 난감했다. 사태를 수습하기에는 역부족이라 일단 관리실에 상황을 알리고 빠른 대책을 요구하고 집으로 들어왔다.

다리가 후들거렸다. 불길함에 안절부절못했다. 만약 급박한 일이 생기면 무엇부터 해야 하나 생각하니 머릿속이 하얗다. 평소에 정돈해 뒀던 것도 뒤죽박죽이다. 막상 챙기자니 절박한 순간에 목숨보다 귀한 것이 또 있으랴 싶다.

단돈 몇 푼이라도 손에 쥐었을 때라야 소용되는 법. 그렇지 않고서는 그림의 떡이다. 귀중하다고, 정든 것이라고 집착하다 보면 욕심이 생기고 욕심은 결국 재앙을 일으킨다. 아이들은 이미 출가를 했으니 긴급할 때는 나 혼자 빠져나가면 되는 일이다. 괜한 기우인가 싶다가도 생생하게 떠오르는 그날을 생각하면 어쩔 수 없이 드는 마음이다.

몇 해 전 아파트 같은 동 옆 라인에 불이 났다. 세탁기를 돌려놓고 외출을 했는데 누전이 되었다. 바람이 부는 대로 불길이 치솟자 밖으로 대피해 있는 사람들은 경악했다. 화마가 삼키고 있는 작태에 소리소리 지르고 아수라장이 되었다. 한편에서는 속수무책으로 바라만 볼 뿐 어떤 방도가 없었다.

소방관의 물세례에 불길이 잡힐 듯했으나 끝내 아파트 한 채는 전소되고 말았다. 불행 중 다행인지 층수가 같았던 우리

집까지는 불길이 닿지 않고 그을음만 남았다. 한순간에 모든 것을 잃은 사람의 참혹한 절규가 아직도 남아있어 경보음이 들리면 예사로 넘기지 못하는 것이다.

아무것도 손에 잡히지 않은 채 안방과 거실에서 우왕좌왕했다. 근 한 시간을 경보음에 시달렸다. 관리실과 연락이 닿아 앞집 사람이 처리를 한 건지 어느 틈에 소리가 그쳤다. 그 후 십 분쯤 지났을까. 달그락거리는 기척이 들렸다. 특수키를 연신 살피는 것으로 봐서 아마도 그쪽에 문제가 생긴 것이 아닌가 싶다.

그들은 내가 겪은 불안과 공포를 가늠이나 할까. 그 자리에 없었으니 상상도 못할 터이다. 적어도 관리실에서 연락을 받았다면 이웃에 폐를 끼친 것쯤은 알 텐데 며칠이 지난 지금까지도 사과는커녕 아무 말도 없다. 기계의 오작동은 기술자가 와서 고치면 되지만 사람의 양심과 정신 상태가 오작동을 일으키면 어떻게 고쳐야 하나. 아무래도 감정을 전달하는 신경계에 문제가 생긴 듯하다. 앞으로 또 이런 일이 생기지 않으란 법이 없다. 그때는 어떻게 해야 하나. 당장 대면해서 자초지종을 얘기하고 오작동이 생기지 않도록 당부를 할까. 아니면 전화번호라도 교환할까. 참 머쓱한 일이다.

주변이 안정되고 나니 오래된 가구며 집기류, 손때 묻은 어느 것 하나 정들지 않은 것이 없다. 작가의 고뇌와 숨결이 담긴 수많은 책들. 추억 서린 액자사진, 무엇보다 향기로운 봄날 맞이하라고 딸아이가 택배로 보내준 프리지어와 라넌큘러스가 이제 막 꽃봉오리 터트리고 있는데…. 잘못했으면 과거와 현재, 미래의 모든 것들을 잃어버릴 뻔했다.

오작동, 참으로 요사스럽고 괘씸한 일이다.

제3부

연결고리

낯설게 하기는 새로운 시선을 갖는 것과 다르지 않을 것이었다. 하나의 점이 선이 되고 선이 면이 되어 완성작에 이르듯, 우산도 그들의 운명적인 연결고리가 되기 때문이다.

산귀래별서山歸來別墅 단상

지난밤부터 줄기차게 내리던 비는 다음날 아침이 되어도 그치질 않는다. 오후에 있을 행사에 차질이 생길까 우려된다. 어차피 내릴 양이면 오전 내 잔뜩 내리고 스승의 문학비 제막식 전에는 쾌청했으면 좋겠다.

이른 시간 배웅에 나선 분의 우산 속에서 느긋이 버스에 오르는 스승의 모습은 마치 무성영화의 한 장면 같다. 엷은 미소만 지을 뿐 엄숙하다. 딱히 말하지 않아도 무언으로 통하는 눈빛, 그 은은함이 따스하다.

좀처럼 멈추지 않을 것 같던 비는 먼 길 따라 오다 지쳤는지 내 주문이 먹혔는지 어느 틈에 꼬리를 감추었다. 양쪽으로 서서 길을 열어주는 벚나무와 느티나무가 비 그친 뒤라 더욱 싱그럽다. 모처럼의 봄나들이에 기분이 고조된 탓일까. 장장 네 시간의 지루함도 잊는다. 양평으로 가는 길은 멀었다. 목왕리 골짜기는 그보다 더 멀고 깊었다. 구불구불 이어진 길은 산으로 깊숙이 흘러갔다.

정갈한 숲에서 내뿜는 냄새는 향기롭고 달았다. 흐르는 냇물조차 정겹다. 황순원 소설 〈소나기〉의 배경이 된 곳을 스치듯 지나가자 바지를 걷은 채 소녀를 업고 내를 건너던 소년의 달뜬 미소가 떠올라 저절로 얼굴이 붉어진다. 이 나이에 가슴이 뛴다면 심장병이 아니냐는 우스갯소리를 들었지만 그들의 순진무구함은 오랜 세월이 지나도 변치 않는가 보다. 골짜기에서 피어오른 물안개는 능선을 타고 온 산으로 번져간다.

산귀래별서로 오르는 길은 야생화 꽃길이다. 선뜻 부는 바람결에도 향기가 묻어났다. '산귀래'는 망개떡에 사용되는 청미래덩굴의 옛말로 산으로 돌아간다는 뜻이고, '별서'는 별장을 겸한 농막의 옛 이름이다. 이름이 가진 의미대로 자연의 품을 온전히 내준다. 둔덕마다 알록달록한 꽃들의 향연이 펼쳐지고 초록 생명들도 자리 잡는다. 잔디의 폭신한 질감과 풀의 기운들이 발끝으로 전해오자 온몸에 푸른 물이 돈는다. 나 역시 한 가닥 풀잎이다.

복사꽃은 저 홀로 농염하고 조팝나무는 순백의 옷을 걸쳤다. 봄비에 불쑥 자란 풀은 꽃나무 밑을 치받으며 오른다. 양귀비와 달맞이꽃이 이웃해 있고, 적당한 곳에 질펀하게 앉은 비비추와 호스타가 멋스럽다. 금낭화와 초롱꽃은 무리지어 있을 때 더 생기가 난다. 아직 꽃 피우지 못한 야생화가 조바심을 치는지 땅심이 느껴진다. 저마다의 소리 없는 몸짓에서 역동성을 본다.

들머리에서 보았던 은발에 분홍색 롱드레스를 입은 분이 환한 미소로 반겨 준다. 단아하고 고운 모습에서 들꽃과 함께한 세월을 읽는다. 그분은 오래전부터 농원을 운영하며 그 수익금으로 문학상과 문학비를 세웠고, 수필문학인들의 자존을 높이는 일에 열정을 쏟은 박수주 여사이다. 일 년 중 봄에 행하는 이 행사는 올해 11회를 맞이했고, 세 번째 문학비의 주인공은 정목일 선생님이시다. 삶의 의미와 가치를 수필문학 정진에 두고 몸소 실현하고 있는 그분의 고결한 정신은 현재 진행형이다.

문학상 시상식과 시낭송에 이어 양지바르고 편편한 곳에서 제막식이 거행되었다. 수필 〈아름다운 배경〉의 한 부분이선생님 문학비에 새겨져 있다.

"내 삶의 배경이/ 아름다워지길 원한다면/ 먼저 이웃의 삶에/ 아름다운 배경이 돼야 할 것이다./ 나는 어느 누구를 위해서/ 아름다운 배경이 돼보았는가."

정신을 일깨우는 문장에 숙연해졌다. 돌아보면 자신에 대한 성찰보다 원망이 더 깊었다. 평소 내 생활의 원칙을 흔드는 소리에 혼란스러웠고, 착잡한 심정에 말문이 막힌 적이 있다. 누군가에게 아름다운 배경이 되고자 했는데 아니었던 것이다. 배려와 베풂이 능사가 아니었다. 상대의 정확한 마음을 헤아리지 못했다. 혼자만의 착각이었을 시간들이 못내 서럽고, 녹록지 않은 인간관계에 회한이 일면서 눈시울이 붉어졌다. 어리석은 자신을 깨치는 소리인 양 구절 구절이 가슴에 파고들었다.

새소리에 이끌려 잔디마당으로 나섰다. 전국에서 참여한 생면부지의 사람들과 손 맞잡고 미소를 주고 받다보니 모두가 하나인 공동체로 어우러졌다. 직접 가꾼 나물로 차린 푸짐한 시골 밥상은 서로를 끈끈하게 이어주는 또 다른 사랑이었다. 사람이나 식물이나 생존의 방식은 별반 다르지 않다. 서로의 기척으로 살아있음을 느끼고 부대낌 속에서 한 단계 더 성숙되고 발전해 가는 것이다.

남은 날들에 향기 한 줌 얹으며 순간을 저장했다. 야생화의 내밀한 속삭임에 귀 기울이고 복받치는 감정을 독백처럼 읊조렸다. 문학이란 씨앗 한 톨로 이루어 낸 수필공원에서 한마음으로 〈스승의 노래〉를 합창했다. 사랑으로 충만한 목소리가 숭고한 아름다움과 고결한 예술혼이 녹아있는 산귀래별서에 울려 퍼졌다.

연결고리

상해 당대 미술관은 인민공원 깊숙한 곳에 있었다. 햇살은 강렬했고 공원 입구 증축공사 현장에서 날리는 뿌연 먼지는 미술관을 재빨리 찾지 못한 걸음을 재촉했다. 미술관으로 가는 숲길 양옆으로 수십 개의 우산이 즐비하게 펼쳐져 있어 무슨 축제를 하는가 싶었다. 가까이 가서 보니 우산마다 글씨가 빼곡하다.

남녀노소 불문하고 글씨를 읽는 표정이 의미심장하다. 미소를 짓다가도 돌연 진지하게 임하는 모습이 마치 거래를 하는 듯했다. 알고 보니 결혼 적령기의 자녀를 둔 부모가 자녀의 신상을 우산에 적어 배우자를 구하는 행사였다.

결혼은 인륜지대사라 신중하고 엄숙한 과정을 거치는 우리나라의 관습과는 너무나 다른 광경에 의아해 했다. 하긴 결혼 소개소는 적지 않은 비용을 지불해야 하고 또 상대를 만나도 여러 가지 조건이 맞아야만 성사되는 것이기에, 부모가 자녀의 신상을 보장하듯 직접 참여하는 것도 의미 있는 일 같았다.

궁금한 것은 그 자리에서 해결할 수 있으니 까다로운 절차는 생략되는 셈이다. 자녀를 결혼시키기 위해 온종일 뙤약볕에 서 있는 모정이 참으로 애틋했다. 다른 사람들보다 더 돋보이기 위해 인물사진을 붙여놓기도 하고 진하거나 굵은 글씨를 쓴 것도 보였다.

간혹 자녀의 배우자를 찾기 위해 나왔다가 오히려 당사자가 성사되는 해프닝도 있다고 한다. 주말마다 행사가 장사진을 이룬다고 하니 독특한 방법으로 맺어지는 인연도 많은가 보다.

인민공원을 찾는 관광객들의 분주한 걸음 사이로 드문드문

야자수 그늘에서 오수를 즐기는 노인도 보이고 사색에 잠기는 이도 있다. 그리 맑지 않은 호수이지만 그나마 물과 어우러진 숲이라 그런지 그들의 모습이 평온해 보인다.

상대미술관으로 들어서자 전시공간이 깔끔하고 쾌적하다. 현대미술을 전문으로 전시하고 그림과 조각뿐만 아니라 사진과 설치미술, 만화, 그래픽 등 모든 예술작품과 행위예술도 취급한다고 한다. 오늘은 마침 일본 작가 켄 미키(ken Miki)가 사과에 관한 디자인을 총망라하여 전시했다. 사물을 바라보는 각도에 따라 의미가 달라지는 발상의 전환은 실로 놀라웠다.

하나의 사과가 수십 가지의 단면적인 형체, 즉 모양도 표면도 세부적으로 해체되었을 때 나타나는 형체는 정말 상상 그 이상이었다. 공간을 캔버스로 삼아 사과를 자유자재로 배치하고, 각도에 따라 새로운 시선을 갖게 한 것이다. 기존의 사고에서 벗어난 사물은 예기치 않은 모습으로 예술적 깊이를 드러낸다는 것을 알게 했다.

다양하고 풍성한 빛깔은 특별하고 독특하여 경이롭기까지 했다. 면밀하게 대상에 몰입하다 보니 문득 세계적으로 알려진 사과가 떠올랐다. 뉴턴의 사과, 스티브 잡스의 사과, 아담과 이브의 사과와 파리스의 사과, 폴 세잔의 사과이다 그들과 더불어 이제 켄 미키도 내 기억 속에 저장되었다.

이층 전시관으로 오르는 벽면에 하나의 점이 선으로 이어지다가 결국에는 사과의 완성작에 이르렀다. 유년시절 색연필을 도화지에서 떼지 않고 그림을 그리던 놀이가 있었다. 무턱대고 그린 그림이었지만 단순한 선으로 이루어진 추상적인 그림은 친구들 앞에서 우쭐하게 했다. 자신감이 상승되던 그때의 기분이 고스란히 전해온다. 그처럼 선을 통해 지극히 일상적인 것을 다시 봄으로써 새로운 차원의 일상과 마주치게 되는 것이다.

문득 선을 통해 깊은 사유를 갖게 한 사과와 우산에 적힌 글씨로 인연을 맺는 것은 같은 맥락이 아닐까 싶다. 낯설게 하기는 새로운 시선을 갖는 것과 다르지 않을 것이었다. 하나의 점이 선이 되고 선이 면이 되어 완성작에 이르듯, 우산도 그들의 운명적인 연결고리가 되기 때문이다.

미술관을 나와 인민공원 숲길을 빠져나올 때까지도 우산은 활짝 펼쳐져 있다.

용지호수를 사랑하는 사람들

가을이 점점 익어갑니다. 청잣빛 하늘은 매양 눈부시게 푸르고 높기만 합니다. 옷 속을 파고드는 바람은 어쩜 그리 살가운지 연인의 손길처럼 한없이 부드럽습니다. 나무와 풀들도 햇살과 바람을 한껏 받아들이며 천천히 제 키를 키워갑니다.

올해는 유난히 단풍색이 곱고 아름답습니다. 이따금 바람에 떨어지는 낙엽도 어쩜 그리 고운지요. 그 광경을 볼 수 있고 느낄 수 있는 감각이 있어 그저 감사할 따름입니다. 누군가에게는 오늘의 이 하루가 그토록 살고 싶어 하는 내일이라는 사실을 생각하면 허투루 보낼 수 없는 시간이지요.

용지호수의 물결에 회백색 건물들이 일렁입니다. 빠른 걸음으로 운동을 하는 이들의 모습도, 아이의 손을 잡고 산책하는 이들의 모습도, 호수에서는 한결 평온한 풍경으로 비춰집니다. 그것은 모든 것을 감내하고 묵묵히 포용해주는 호수의 넉넉한 품 때문이겠지요. 자신만의 공간인 이곳은 잠시 바쁜 일상에서 벗어나 여유로움을 찾고, 혹여 마음의 상처가 있다면 치유할 수 있는 곳으로 적격이지요. 어깨를 나란히 하고 같은 방향으로 걷다보면 누구에게나 삶의 등짐이 있다는 사실을 깨닫게 된답니다.

행복과 불행은 자신의 마음 먹기 나름이라는 말이 있지요. 한 가지 일을 놓고 시작도 하기 전에 부정적인 생각을 하면 이미 절반은 실패라는 말에 수긍이 갑니다. 오히려 긍정적으로 접근한다면 설혹 성공하지 않더라도 그 과정에서 얻는 성취감과 즐거움은 있다는 것이지요. 저의 호수 사랑에 대한 마음도 그와 같았습니다.

오래전, 산보 겸 운동 삼아 용지호수를 찾았답니다. 하지만 집에서 도보로 이십여 분 걸리는 곳이기에 마음 단단히 먹지 않고는 쉽지가 않았지요. 선선한 날에는 서슴없이 나서다가도 기후가 좋지 않거나 마음이 선뜻 내키지 않을 때에는 주저앉게 되더군요. 사람 마음이 간사하다 보니 자신의 생각을 합리화하는 데는 어쩜 그리 재빠르던지요.

그러던 어느 날, 자석에 끌리듯 무작정 호수로 갔습니다. 입구에서 풍기는 감미로운 향에 숨이 멎는 듯했지요. 가을볕에 땡글땡글 여문 향, 그 속에 숨은 꽃이 금목서였습니다. 초록 이파리에 촘촘히 박힌 모습이 어떻게나 앙증맞던지 깨금발로 한참을 들여다보았지요. 비록 제 몸은 작지만 향은 만 리로 퍼져 호수를 찾아온 사람들에게 무한한 선물을 하는 것이었습니다.

그날 호수가 뿜어 올리는 뽀얀 숨결을 보았습니다. 마치 신선이 거니는 선경과 같았지요. 아늑하고 잔잔하여 평화롭기 그지없었습니다. 순간 초조하고 불만스러웠던 생각들은 한낱 부질없는 욕망에 불과하다는 것을 깨달았지요. 그저 내밀한 속삭

임만으로도 힐링이 가능한 곳임을 알았답니다. 그 이후부터 용지호수를 걷는 일은 제 일상의 한 부분으로 차지하였고 더불어 마음의 안식처가 되었답니다.

가끔 호숫가 한 모퉁이에서는 재능기부로 악기연주를 들려줍니다. 그들의 진지한 모습에 몰입하다 보면 하나의 독창적인 소리보다는 여럿의 합주가 더 아름답다는 것을 알게 됩니다. 화합과 소통은 사람과의 관계망을 부드럽게 해 주는 것도 깨닫게 되지요. 아름다운 선율 따라 발걸음마저 경쾌해지면 청춘의 피돌기가 느껴집니다. 신명이 나면 호수 한두 바퀴는 거뜬하게 돌아나옵니다. "아프니까 청춘이다."라는 말처럼 그들에게 아픔은 음악으로 승화되는 것 같았습니다.

어떤 날은 어느 고독한 색소폰 연주자의 연주를 듣기도 합니다. 밀집한 아파트의 층간 소음으로 이웃에게 폐를 끼치지 않으려 숲을 찾은 것이지요. 심연에서 끌어올리는 음의 애잔함에 왠지 콧등이 시큰해져 가던 걸음을 멈추고 가만히 벤치에 앉아 묵상에 잠깁니다. 호숫가에서 듣는 음악의 힘은 어느 때보다 강력해서 과거와 현재를 수시로 넘나들며 기뻤던 날과 슬펐던 날을 배회하지요. 그러다가 가장 가슴 아릿했던 순간을 불현듯 데려와 지금의 저와 맞닥뜨리게 합니다. 당시엔 죽을 만큼 힘들었어도 세월이 지난 뒤엔 고통도 희석된다는 것을 알려주지요.

호수를 걷다 보면 오래전부터 보았던 어르신과 마주하게 됩니다. 백발이 성성하지만 언제나 깔끔한 운동복 차림이십니다. 항상 제가 걷는 반대방향으로 걸어오시기에 그분의 얼굴을 또렷이 기억할 수 있지요. 달포 전부터 보이지 않아 염려되었는데 약간 수척한 모습 외엔 얼굴빛은 아기처럼 해맑습니다. 눈인사로 그간의 안부를 여쭙자 별일 없었다는 듯 잔잔한 미소를 보냅니다. 언제부터인지 무언으로도 소통 가능한 사이가 호수에서 이루어지고 있으니 참 신통한 일입니다.

어떤 분은 어깨를 살짝 치며 잠시 목을 축이라고 음료수를 건네기도 합니다. 서울에서 출장 나온 기러기 아빠라며 자신의 처지를 찬찬히 알려줍니다. 몇 주째 같은 시간에 운동을 하다 보니 친근감이 생겼답니다. 땀에 흠뻑 젖은 수건이 가장의 근면하고 성실한 모습을 대변해 주는 것 같았습니다. 건강한 몸에서 건강한 정신이 나온다고 하듯이 호수를 찾는 이는 자신을 사랑하는 사람들이었습니다.

웃지 못할 해프닝도 있습니다. 녹색 추리닝을 상하로 갖춰 입고 베레모까지 쓴 그분은 멀쑥한 노신사였습니다. 게다가 흰색 운동화를 신어 얼마 전 새롭게 단장한 탄성매트의 초록색과 어울려 싱그러움을 더해줬습니다. 팔십 남짓으로 보이는 그 분이 별안간 노래를 시작했지요.

"인생은 나그네 길 어디서 왔다가~."

눈을 지그시 감고 구성지고 애절한 목소리로 불렀습니다.

"정일랑 두지 말자 미련일랑 두지 말자~."

중간 구절에 가서는 목청 높여 불렀지요. 옛날을 추억하며 쓰라렸던 마음을 위무하는 듯했습니다. 걷거나 홀로 조용히 산책하는 이들은 노인의 등장에 호기심이 일었나 봅니다. 잠시 숨고르기도 하면서 노인을 지켜보았지요. 사람들의 시선을 의식한 노인은 신명이 나 한껏 목청을 높였습니다. 흥에 겨워 노래를 따라 부르는 사람들 덕분에 활기가 돌았습니다. 하지만 운동에 방해된다며 참지 못해 한 소리를 하는 분도 계셨지요.

복지회관에서 열리는 노래자랑 대회에 나가려고 연습한다

며 잠시 머쓱해 했지만, 몇몇이 치는 박수 소리에 힘입어서인지 다시 노래를 불렀습니다. 누가 뭐래도 용기 내어 도전하려는 정신은 높이 사고 볼 일입니다. 아무렴, 그 일이 쉬울 리가 있겠는지요.

어떤 날은 꼬질꼬질한 옷을 아무렇게나 걸치고 고성을 지르는 분도 있답니다. 자신의 얘기를 듣든 말든 정치 이야기부터 가정교육의 실태까지 낱낱이 성토를 하였지요. 구구절절 유식하기 이를 데 없는 말이었습니다. 하지만 어떤 계기에 정신장애가 일어나 저렇듯 초췌하게 다닌다고 합니다. 그나마 몸은 병들지 않았으니 참 다행한 일이었습니다. 한동안 보이지 않을 때면 호수를 쩡쩡 울리던 그 목소리가 궁금해 주변을 두리번거립니다. 그러다 저만치서 귀에 익은 목소리가 들리면 안도의 숨을 내쉽니다. 목청껏 소리 지르는 것도 살아있음의 증표가 아니겠는지요. 어느 틈에 호수를 걷는 사람들 모두에게 가족 같은 끈끈한 정이 들었나봅니다.

간혹 젊은 연인들이 나누는 은밀한 사랑을 목도하기도 합니다. 어둑한 시간도 아닌데 서로 부둥켜안고 속살거립니다. 주변의 시선은 안중에도 없는 듯 가벼운 입맞춤을 나눕니다. 예전 같으면 한마디 말로 주의를 시키겠건만 세대 차이 극복과 급변하는 문화에 익숙해지려고 무심히 지나치고 맙니다. 다만 저들의 사랑이 진실되고 참된 사랑이길 바랄 뿐이지요.

한 시간 남짓 걷고 난 후면 솔숲이 있는 산책길로 향합니다. 그곳엔 용지호수를 산책하며 시심을 풀어 낸 고故 황선하 시인의 시비가 있습니다. 시비에는 대표 시 〈이슬처럼〉이 새겨져 있습니다.

길가
풀잎에 맺힌
이슬처럼 살고 싶다.
수없이 밟히우는 자의
멍든 아픔 때문에
밤을 지새우고도
아침햇살에
천진스레 반짝거리는
이슬처럼 살고 싶다.

욕심 없이
한 세상 살다가
죽음도
크나큰 은혜로 받아들여
흔적 없이
증발하는 이슬처럼 가고 싶다.

가슴속에 맺힌 한 방울 이슬을 지키고자 사색하고 고뇌하고 방황하고 시를 쓴다고 고백한 시인의 성정은 맑고 투명한 세계에 바탕을 두었지요. 생애 시집 한 권이면 족하다고 한 시인은 용지호수를 참 많이 거닐었습니다. 살아생전 다소곳이 손잡아 주던 온기를 느끼고 싶어 시비를 어루만졌습니다. 그 순간 오랜 시간 간직한 이슬 한 방울이 제 가슴에 뚝 떨어졌습니다.

우리는 살아가면서 아름다운 이야기를 남기고 싶어 합니다. 한 사람의 생애는 결국 하나의 이야기인 것이지요. 평범하고 소박한 사람들의 다양한 모습에서 감동과 사랑을 그려내고 기쁨으로 충만한 날들을 이야기꽃으로 피워나갔으면 좋겠습니다.

솔숲에서 부는 바람이 삽상합니다. 내일쯤엔 비가 오려나 봅니다. 비바람에 고운 단풍잎이 쉴 새 없이 호수로 쏟아지겠지요. 언제라도 용지호수가 생각나시면 가벼운 걸음으로 오십시오. 따뜻한 차 한 잔 나눌 수 있기를 기다리겠습니다.

푸른 신호등

나뭇가지마다 온통 연록의 봄빛이 물들었다. 야트막한 담장을 안고 핀 조팝나무도 봄의 풍경이 되고자 뾰얀 얼굴을 내민다. 어디 그뿐이랴. 부드러운 선을 가진 튤립도, 수줍은 듯 꽃잎을 여는 금낭화도 제 색을 풀어내느라 한창이다. 역동적인 그들의 숨결에 이끌리다 보니 끙끙대며 고민하던 일들이 술술 풀릴 것 같다.

상쾌한 기분으로 봄을 만끽하고 있는데, 갑자기 급브레이크

밟는 소리가 크게 들렸다. 대여섯 명의 학생이 우르르 차도를 가로질러 건너편으로 뛰어 갔던가 보다. 아찔한 순간이었다. 횡단보도엔 아직 푸른 신호등이 켜지지 않았건만 눈대중으로 충분히 건널 수 있을 것이라 예상했던 것일까.

하지만 신호체계를 믿고 속력을 내던 운전자는 얼마나 황망하고 당혹스러웠을까. 운전자는 놀란 가슴을 누르며 버럭 소리를 지르자 학생들은 민망했던지 머리를 긁적이고는 휑하니 사라졌다. 장난삼아 한 행동으로 보기엔 너무나 지각없는 태도였다. 더욱이 멀뚱히 학생들을 지켜보고 있는 사람들은 그런 일이 대수롭지 않은 듯 무덤덤했다.

어쩌면 이런 모습이 요즘 사회에 만연한 무관심의 단편이다. 주위에 어떤 일이 일어나도 직접적인 득실이 없는, 나와는 상관없는 일이며 나아가 사람과의 관계 맺기도 달갑게 생각지 않는다. 괜한 일에 관여했다가는 언제 자신이 뜻하지 않은 피해를 입게 될지 모른다는 두려움과 방어기제가 마음 깊이 자리한 탓이다.

'핵가족화', '개인주의'와 같은 단어들이 이제 크게 낯설지 않은 만큼, 우리 삶 곳곳은 이기주의가 팽배하고 세상은 더욱 각박해져만 간다.

최근에 일어나고 있는 잔혹한 범죄 사건들, 그 기저에도 분명 무관심과 이기주의의 씨앗이 자리하고 있었으리라. 바로 지척에서 일어난 납치와 격렬하다 못해 처절한 저항과 비명이 들리는 그 시각, 이웃은 진정 모든 것들을 인지하지 못한 것일까. 아니면 인지되는 감각조차 부정하고 싶었던 것일까.

그 알고리즘의 시발은 더욱 안타깝다. 물론 이상심리와 극단적 선택으로 '주홍글씨'를 가슴에 새긴 범죄자이지만, 그의 인생은 고독했고 외로움의 연속이었다. 세상 속에 혼자라고 느낄 때, 더 이상 잃을 것이 없다고 생각할 때, 인간은 인간임을 포기하게 되지 않을까.

사람은 자신의 외모를 정확하게 볼 수가 없다. 거울을 통해 비춰볼 뿐이다. 그것도 앞모습만 보았지 다른 모습은 어떤지 잘 알지 못한다. 내가 살아가는 모습을 확실히 아는 사람은 내가 아닌 타인이다. 그들은 나의 표정을 통해 마음을 읽고, 소소한 행동조차 평가하여 나를 일깨워준다.

내가 볼 수 없는 각도에서 나를 보고, 내가 느낄 수 없는 방식으로 나를 느끼고, 나의 판단과는 다른 판단으로 나를 이해하고 받아들여주는 사람이 있다면, 그래서 내가 늘 피드백과 관계 속에서 발전해 나간다면 얼마나 축복받은 삶일까.

비단 이러한 흉악한 범죄에서 벗어나기 위해서만이 아니라 '조금만 주변을 돌아보았더라면' '관심을 가져주었다면' 하는 후회를 하지 않기 위해서 타인의 눈과 마주해야 함이 우선일 게다.

누구나 자신의 존재성에 대해 의문을 가질 때가 있다. 그 생각의 끝에서 나의 존재는 주변과의 관계 속에 정립되곤 한다. 작고 큰 돌들이 서로를 떠받치고 보듬어 돌담을 이루듯이 모자란 것이 모자란 것을 서로 채워주며 사는 것이 우리 삶이 아닐까.

푸른 신호등이 들어왔다. 마치 정지해 있던 시간이 흘러가듯 다양한 삶을 살아가는 사람들이 나와 호흡을 맞추며 나아간다.

끼―익!

고렐리 휴화산에 오르다

무심코 생긴 길은 없다. 앞서 밟은 발자국을 따라 길은 만들어진다. 눈이 내려 빙판이 된 길은 시간의 두께에 따라 단단해졌다. 저 홀로 다져진 사유의 깊이를 알고 싶었으나 아뿔싸, 미처 헤아리기도 전에 미끄러워 몸이 휘청거린다. 중심을 잡으려고 안간힘을 쓰자 등줄기에 땀이 흥건하다. 지나간 시간에 집착하지 말고 현재에 충실하라는 것일까.

겨우 빙판길을 벗어나자 어디든 풀이 자라는 곳에 야생화가 흐드러져 있다. 이방인과의 낯섦을 지우려는 듯 선들바람에도 방싯거린다. 제 키를 낮추며 악천후에도 꽃 피우는 다부진 모습은 겸손과 분수를 떠올리게 한다. 짐짓 청명한 하늘과 흰 구름과 설산의 절경은 그저 나타나는 것이 아니라, 순정한 마음일 때 보이는 것임을 깨닫는다.

가풀막을 오를 때 눈이 녹은 길은 다행스럽다. 빙판에서의 고충을 알기에 질퍽거림도 고마울 따름이다. 거부할 수 없는 눈바람을 껴안고 러시아 극동지방에 위치한 원시 자연의 땅, 캄차카반도의 해발 1829m인 고렐리 휴화산을 오른다.

이곳에 당도하기 전 바흐또프카란 트럭을 타고 비포장도로를 두 시간 넘게 달려왔다. 러시아에 접근하기 어려운 곳에는 보통 광업에 사용하는 이 트럭이 없으면 불가능하다고 했다. 일행을 태운 트럭의 위력은 대단했다. 울창한 자작나무 숲길을 헤치고 포장이 안 된 산길은 물론, 빙산 터널 같은 어마무시한 길도 거침없이 돌진했다. 덜컹거리는 바람에 멀미가 났지만, 극성스런 모기 떼를 만날 때면 철통 같은 방패막이가 되는 터라 참을 수 있었다.

목적지에 닿을 무렵 눈이 녹아 깊이를 가늠할 수 없는 구덩이를 건널 때는 위태로웠다. 바퀴가 빠져 몇 번을 헛돌자 흙탕물이 튕겨 나가고 차체가 점점 내려앉는 앉았다. 생사를 같이 하는 동료애로 무게를 줄이려 살짝 엉덩이를 들기도 하고, 숨도 한껏 들이마셨지만 바람 빠진 공처럼 맥이 풀렸다. 그 누구도 한 치 앞의 생을 알 수 없기에 차창으로 보이는 빙산의 위협이 두려웠고 싸늘한 냉기에 갇힐 듯 공포에 숨죽였다. 가까스로 그곳을 빠져나오자 모두 함성을 질렀다. 그것은 안도에 찬 소리이기도 했지만 눈앞에 펼쳐진 설경을 향한 감동의 소리였다. 막힌 곳 없이 드넓은 평원은 오랫동안 달려오느라 지친 심신을 달래주기에 충분했다. 캠프에 닿은 트럭도 진정되었는지 사방이 고요하고 평온했다. 무시로 달려드는 눈바람을 제외하고는.

고렐리 화산 맞은편에는 해발 2175m의 빌류친스키 화산이 창공을 향해 우뚝 솟아있다. 때마침 피어난 운무가 산허리를 감싼 풍경은 가히 장관이다. 웅장함과 위용마저 있으니 캄차카의 상징이라 할 만하다. 고렐리 휴화산은 높이 오를수록 눈과

얼음으로 덮여있어 예상치 못한 풍경들을 보여준다. 날씨는 잔뜩 흐렸다가 맑게 개였다가, 바람이 불다가 잠잠하다가 변화무쌍하다. 살짝 드리운 그늘과 햇빛의 조화로 만년설인 산맥은 기묘한 무늬를 만들고 흑과 백의 대비로 빚어지는 형상들은 경이롭다. 우람한 팬더곰의 형상도 있어 골마다 은밀하거나 정겨운 이야기가 숨어있는 듯했다. 여태 본 적이 없고 어느 곳에서도 볼 수 없는 진풍경을 놓칠세라 가슴에 한껏 담았다.

부풀 대로 부푼 가슴은 구름 위로 살포시 떠올랐다. 편안하고 아늑했다. 이 순간만큼 나는 텅 빈 공의 상태다. 자유롭게 가고 싶은 대로 난다. 높은 곳에 다다랐을 때 아래로 내려다보니 까마득하다. 욕심껏 너무 많이 올라왔다. 적당한 곳에서 만족할 줄도 알아야 했건만, 허리가 뒤틀리고 장딴지에 쥐가 나고 토악질이 날 지경에도 그저 정상만 생각했다. 신체적인 힘겨움도 있었지만 정신적인 고갈로 후들거릴 때 앞서간 일행들의 모습조차 아슴아슴했다. 더 이상의 등정이 무모하여 체념하려는 순간 정신도 몸도 삽시간에 허물어졌다. 자욱한 안개마저 나를 에워쌌다. 갑자기 고립된 외로움에 눈시울이 뜨거워졌다.

살면서 얼마나 많은 것을 움켜쥐려 했는지…. 한 층 더 오르기 위해 까치발은 또 얼마나 했던가. 윤택한 생을 위해 많은 인맥을 넓히려 했고 자신을 돋보이려 자만하지 않았는지. 부끄러움에 가슴이 쓰라리다. 돌이켜 보면 모두가 욕심에서 비롯된 것 아닌가. 한낱 뜬구름 같은 부질없는 것에 매이느라 소중한 것을 놓쳐버린 시간들이 허망하다. 이제라도 내게 주어진 시간만큼은 혼탁한 마음을 깨끗이 닦아내어 새롭게 볼 일이다.

뒤처진 일행을 챙기던 J 시인의 목소리에 흐트러진 정신을 가다듬었다. 곁에서 한걸음 걸음 내디딜 수 있게 용기를 불어넣는 석 대표 덕분에 정상까지 오를 수 있었다. 나약하고 힘들 때 누군가의 따뜻한 말 한마디는 잠재된 에너지를 용솟게 한다. 마침내 분화구를 보았다. 연무가 걷혀 깊고 아득한 곳에서부터 차오르는 하늘색의 칼데라 호수도 만났다. 환상적인 신비감에 눈물인 듯 땀이 온몸을 적셨다.

캄차카 여행이 끝난 뒤 그곳에서 마주했던 어떤 순간이 새로운 의미로 내 일상에 결합되었다. 언제든 다시 가겠다는 다짐보다는 언제나 그곳을 생각할 수 있다는 가능성이 더 큰 희망으로 와 닿는다. 때로는 물음이 되었고 때로는 희열감을 안겨 준 캄차카를 나는 오랫동안 기억할 것이다.

---

* 칼데라호수: 마그마가 터져 나온 자리가 함몰되면서 물이 고여 생긴 호수.

해후

이번 여행은 특별했다. 우리 지역 문화원과 일본 공민관 교류가 25주년을 맞은 것도 그러하지만 일정 중 오카야마 히메지에서 언니를 만날 수 있다는 사실이 특별했다. 최근에 연락을 주고받던 중 스마트 폰에 올린 여행 일정표를 확인한 언니는 절묘한 기회라며 꼭 만나자고 약속한 터였다.

오사카 관서 국제공항에서 후쿠야마 시청까지 4시간 걸려 도착했다. 의례적인 행사로 시장과 의장을 방문했고 장미공원을 견학한 후 미노미공민관에서 간담회를 가졌다. 여장을 풀고 만찬을 겸한 환영장소로 들어서려는데 약 150여 명의 공무원들이 기립박수로 환대해 주었다. 우레 같은 박수 소리에 뜬금없이 언니와의 극적인 상봉이 상상되어 가슴이 울렁거렸다.

이윽고 공민관 문화원생들의 플라멩코 춤과 현악단원들의 연주에 이어 우리 측에는 민속 고유의 부채춤과 판소리를 선보였다. 간간이 고수가 '얼쑤' 추임새를 넣으면 모두가 흥겹게 따라하여 장내를 한바탕 어울 마당으로 만들었다. 국가 간 정책은 차치하고 상호 문화적 교류를 통한 화합과 소통의 시간은 의미 있는 일이었다. 서로를 배려하고 기꺼워하는 그 와중에도 끈 풀린 풍선처럼 마음 한구석이 심란했다. 뜻밖의 변수가 생겨 언니와의 만남에 차질이라도 생기면 어쩌나 싶은 기우에서였다.

다음날, 비가 내려 안개 낀 바다는 한 치 앞을 모르는 사람일처럼 아득했다. 분분한 심정이 차분해지려면 햇볕 내리쬐는 날보다 습기 머금은 날이 더 나은 것 같았다. 왠지 그런 분위기는 위로 받는 느낌이 든다고 할까.

조선통신사가 머물다 간 대조루 앞 도모노우라에는 일 년 중 5월 1일부터 17일까지 고기잡이 축제가 열린다고 했다. 마침 그 기간이라 큰 배에 오르기 전 백사장에서는 풍어를 기원하는 선녀의 춤사위와 어부의 어깨춤이 의식처럼 치러졌다. 간절함이 묻어나는 어부의 눈빛에 사로잡혀 비 맞는 것도 아랑곳않고 한참을 서 있었다. 열망하는 것이 있으면 저토록 혼을 사르는 몸짓이 있어야 하는데 나는 언니의 소식이 두절되었을 때 이상하리만치 무덤덤했다. 아니 냉정했다. 자아실현을 위해 거침없이 돛을 올렸으니 어떠한 강풍에도 거뜬히 견딜 수 있으리라고, 그것 역시 언니만의 독특한 삶의 방식이었다고 믿었다. 그랬는데 오랜 세월 일본에서 두문불출하며 번민하였을 언니의 고뇌에 가슴이 아렸다. 눈물이 빗물인 양 볼을 타고 내릴 때 곁에 언제 와 있었는지 구면인 양 통역사가 바다를 가리켰다.

망망대해에 드디어 진귀한 풍경이 펼쳐지고 있었다. 모두가 숨죽였다. 한 척의 작은 배가 포인트를 알려주고 조용히 물러서자 두 척의 배가 멀리서 포물선을 그리듯 그물을 던졌다. 한참 동안 잠잠했다. 정적이 바람까지 짓눌렀는지 바다 색이 더 짙어졌다. 십여 분 되었을까. 고요하던 바다가 그제야 음악에 맞춰 출렁거렸다.

두 척의 배가 점점 거리를 좁혀가며 그물을 끌어올리기 시작할 때 통역사는 고기잡이배로 나를 데리고 건너갔다. 수십 마리가 넘는 돔의 퍼덕거리는 생동감에 탄성을 질렀다. 정말 난 생처음 보는 광경이었다. 기우뚱거리는 배 안에는 재빠른 거래가 오갔다. 통역사는 마침 어부가 동네 분이라 거저 얻었다며 돔 한 마리 선뜻 내어주었다. 해풍에 일렁이는 결 고운 그의 마음이 참 고마웠다.

어제 오후에도 미노미공민관을 둘러보던 중 기자와의 인터뷰를 내게 청하는 바람에 인상 깊은 작품과 관의 분위기를 전했는데, 조간신문에 난 기사를 들고 오늘 내처 가져왔었다. 참 묘했다. 4년 전 일본을 방문했을 때도 공민관 측과 그랜드골프 게임에서 우연찮게도 50m와 70m에 홀인원2관왕을 땄다. 역대 홀인원2관왕이 처음이라는 말보다 우리 측을 승리로 이끌었다는 자존감에 더 뿌듯했다. 그날도 조간신문을 가져와 기쁨을 재차 누리게 해 주지 않았던가. 여하튼 일본 행보는 뜻밖의 행운을 가져다주는 것 같았다. 이번 여행도 그래서 더 설렌다. 히메지에

사는 언니와의 만남을 꿈에도 예상치 못했던 일이었으니까.

어느 날, 국제전화가 왔었다. 어눌한 말씨지만 아득한 기억 저편에서 되살아나는 음성은 분명 언니였다. 나와 두 살 터울진, 이십여 년간 연락이 없던 언니가 전화를 한 것이다. 너무나 갑작스런 일이어서 아무 말도 하지 못했다. 단지 숱한 시간, 그리워하다가 이제는 그것마저 단념했다고 하려는데 이미 수화기를 내려놓은 상태였다.

며칠 후 다시 전화가 왔을 때 차마 그 말은 할 수가 없었다. 아무려면 언니 혼자서 신산스런 세월에 흘린 눈물과 한숨이 오죽하랴 싶었다. 한창 감수성이 예민했던 시절에 언니는 국제시장에서 큰 일식집을 하는 이모님 댁에서 기거했다. 고등학교를 마칠 때까지 이종사촌 동생들을 돌보기로 했고 당시 부산에서 제일 번화가인 남포동 저택에서 부족한 것 없이 지냈다.

우리 남매는 믿고 의지하던 언니를 이모님한테 빼앗긴 것 같아 서글펐다. 내성적이고 소극적인 나와는 달리 언니는 강직하면서도 승부욕이 강했다. '도' 아니면 '모'라는 예리한 판단력으로 승산이 있는 곳에는 과감히 도전했다. 그래서인지 졸업과

동시에 전국을 다니며 사업을 펼쳤다. 그맘때는 언니의 다부진 인생관이 부러웠다. 나로서는 엄두도 못 낼 일들을 스스럼없이 해내니 인생 제대로 산다고 여겼다. 곁에 없다고 징징거리고 서운해 하기보다는 언니의 진취적인 삶에 박수를 보내며 마음을 다잡았다.

승승장구하던 어느 시점부터 언니의 행방이 묘연해졌다. 혼자의 힘으로 정상궤도에 이르기까지 많은 고충이 따랐으리라 짐작은 했으나 불현듯 생사가 걱정되었다. 사방팔방 수소문해도 도통 알 길이 없었다. 나중에 안 일이지만 일본까지 건너간 바람에 오가도 못하는 처지가 된 것이었다.

비는 차츰 제 몸을 말아 하늘로 밀어 올려 쾌청한 오후를 선사했다. 후쿠야마에서 약 40여 분 쿠라시키로 이동한 미관지구는 옛날 사무라이들이 살았던 골목을 그대로 살린 곳이었다. 하천을 끼고 도는 경관이 아름다운 만큼 관광객들의 질서정연한 모습도 여유로웠다. 노변에 이름을 새겨 금속 팔찌 만드는 곳을 물끄러미 보다가 넌지시 다정했던 언니 이름을 웅얼거렸다.

다음 행선지로 출발할 즈음 일행 중 연로한 분이 오질 않아 모두가 혈안이 되어 찾아 나섰다. 그토록 아름답던 미관지구가 흐릿하게 흔들렸다. 좁은 골목이 미로같이 형성되어 있어 샅샅이 탐색했다. 어수선했다. 현기증이 났다. 일정에 차질이 생겼다. 내일 만나기로 한 언니는 한시라도 빨리 만나고자 공식행사를 마친 저녁시간에 맞춰 서둘러 오는 중이었다. 어르신을 찾는 일이 더 시급했지만 나는 애간장이 녹는 것 같았다.

골목길 아담한 상점에서 그분을 찾고서야 안도의 한숨을 내쉬었다. 정말 다행이었다. 침묵으로 그 난황을 다스리며 차라리 이쯤에서 혼자만이라도 숙소로 갔으면 싶었다. 일본어에 능통하지 못한 탓도 있지만 개인행동은 예의가 아니라는 생각에 묵묵히 손톱만 물어뜯었다.

마지막 코스로 '열심히 일했으니 즐기라'는 의미가 담긴 일본의 3대 정원인 코라쿠엔에 다다랐다. 초록 융단이 펼쳐진 듯 평화롭고 주변의 아름다운 성이 배경이 되어 풍치가 그만이었다. 여태 심란하고 복잡하던 마음이 차분히 가라앉았다. 가이드를 통해 언니가 숙소에 무사히 당도했다는 소식을 들은 터였다.

저녁식사는 나무늘보의 걸음처럼 느렸다. 주말의 식당은 인

내심이 필요했다. 예상치 않은 일이 또 언제 일어날지 모르는 일이니 잠자코 시간을 삼켰다. 밥알이 그토록 까칠한 건 처음 느꼈다. 숙소엔 예상보다 두 시간 늦게 당도하였지만 내게는 이십 년의 세월을 거슬러 가는 혼돈과 설렘이 교차된 시간이었다.

배정된 방으로 나 있는 복도를 숨 가쁘게 걸으며 생각했다. 아마도 방문을 열면 그동안 맺힌 서러움의 눈물이 한없이 쏟아지리라. 서로 껴안은 채 먹먹한 가슴 한참을 쓸어내리라. 슬픔의 시간들은 묻어두고 즐거웠던 일들을 들추며 밤새 얘기 나누리라. 울다가 웃다가 하다 보면 퉁퉁 부은 눈으로 내일은 또 어떻게 다닐까….

별별 생각을 다하며 문을 살며시 열었다. 그 순간 누가 먼저랄 것도 없이 와락 부둥켜안고 침대로 나뒹굴었다. 자지러질 듯이 웃어댔다. 웃고 또 웃고 웃음이 끊어지질 않았다. 너무 웃어서 눈물이 흘렀다. 실낱같은 원망도 설움도 비집고 들어올 틈이 없었다. 이상하게도 그 옛날 가족 모두가 잠든 아랫목에서 우리끼리 수다로 밤새우다 어머니께 혼났던 그날 밤 같았다. 웃음은 추억을 내포하고 있었다. 언니와 나는 서로를 쓰다듬느라 희붐하게 밝아오는 새벽녘에야 겨우 한 시간 잠들었다. 시린 내 마음을 쓸어주느라 언니의 손길은 쉴 새가 없었지만.

소중한 것은 그리 멀리 있는 것이 아니었다. 마음에 간직하면 되었다. 고난이 끝없이 진행될 것 같아도 어느 순간부터 줄어들거나 익숙해지면 그 안에서 깨닫게 되는 것이었다. 이번 여행도 여전히 행운을 불러주었다.

언니와의 해후가 그랬다.

붉은 방점, 하늘을 찍다

단단하면서도 옹골찬 그것들이 일시에 하늘을 난다. 폭죽을 터트리듯 저마다 팡팡 소리를 내며 창공을 향한다. 마치 영화의 한 장면인 하늘로 나는 풍선마냥 빨간 사과가 무수히 날고 있는 것이다. 장엄한 그들의 행렬에 기가 눌려 꼼짝 않고 섰다. 뉘라서 이 도도한 행위에 태클을 걸 수 있을까.

붉은 방점이 하늘에 빼곡히 박힐 즈음 사방에 흩날리는 향긋한 향이 코끝에 와 닿는다. 그제야 서 있는 자리가 정물화처럼 고요한 풍경 속임을 알아챘다. 압도적인 색깔에 사로잡혀 있는 동안 후각이 잠시 제 기능을 보류했던 것일까. 차츰 그 향의 근원을 찾기 위해 고개를 돌리니 바로 눈앞에 주렁주렁 열렸다.

한 나무에 얼마나 많이 달렸는지 가지가 휘늘어졌다. 살짝 건드리기라도 하면 부러질까 위태롭다. 하지만 서로 부여잡은 품새가 여간 야무지지 않다. 꽉 붙들고 있으니 무력을 가하지 않는 한 그들의 끈끈한 순정을 어쩌지 못하겠다. 짐짓 지금껏 나 한 몸의 욕망을 이루고자 안간힘을 썼던 모습이 부끄럽다. 저토록 다잡아 끌어안는 사이가 내게 있기는 한 걸까. 제 품을 키워 많은 결실을 맺고 무게마저 감내하는 사과나무를 보면서 제대로 한 수 배운다.

사과 한 알에는 우주가 담겨 있다. 거센 비바람과 작열하는 태양과 흙의 자양분과 농부의 땀, 이루 헤아릴 수 없는 많은 것을 담아 둥글게 다듬었다. 그렇지 않고서야 저 여린 가지에 꼭지를 매단 채 제 몸피를 키울 수는 없는 일이다.

가만, 잎사귀에 가려진 것보다 햇살을 튕기며 고스란히 자신을 드러내는 것이 확실히 튼실하고 크다. 색깔도 곱고 탐스럽다. 문득 앞으로 나서지 못하고 뒤에서 소극적으로 처신하는 사람보다 어떠한 난관도 과감히 맞서는 사람의 담대함 같은 것이 느껴진다. 자신감은 자신이 보지 못하던 그 이면의 것을 보게 하는 힘까지도 생기는 것일까. 저렇듯 탐스러운 사과도 이미 그 이치를 알고 있는 듯하다.

며칠 전, 농협에서 우수고객 사과 따기 체험행사의 안내장이 날아왔다. 장소는 경북 청송이었다. 여태껏 경험하지 못한 일이라 서둘러 접수했다. 다행히 칠십 명 모집에 들었다. 잠시 머뭇거렸다간 기회를 놓칠 뻔했다. 직원은 많은 고객들 중에 선택된 분들이라며 뻥튀기처럼 부풀려 기분을 부추겼다. 그들의 기준에서 우수고객이란 몇 개의 적금통장과 저축을 많이 하는 사람, 그리고 꾸준히 농협을 이용하는 이들이었다. 나는 그중 후자에 속할 것이다. 아파트에 입주할 때 마련한 통장을 삼십여 년 동안 변함없이 이용하고 있으니 말이다. 미련스러울 정도로 한 우물을 파는 덕에 해마다 이렇게 대접받는 일이 생기니 옛말이 하나도 틀리지 않다.

직원은 버스 안에서 사과의 품종과 맛에 대한 정보를 친절하게 알려주었다. 여름철에 먹는 사과는 일명 아오리라 불리는 푸른색 사과이고, 9~10월 무렵엔 붉은 색의 홍로, 10월 중순 이후에 수확하는 사과는 부사, 대충 이렇게 세 종류로 나누었다. 그중에 오늘 만나는 사과는 과즙이 풍부하고 당도도 최고인 부사란다. 그러면서 답사 때 보았던 부사 한 개가 수박만 하다며 너스레를 떨었다. 그 말에 진정성을 느낀 사람들은 귀가 솔깃했다.

사과밭 초입에 있는 그것은 제일 먼저 본 사람의 몫이라며 일행들에게 은근히 경쟁심을 부추겼다. 서로가 먼저 딸 것이라고 이구동성으로 소리쳤다. 그 반응에 재미가 들었는지 깊숙한 곳에 가면 더 큰 것이 있다고 한 수 더 거든다. 참여 인원의 몫으로 사과값을 이미 계산한 터이니 크기에 상관없이 열다섯 개만 따라고 알려준다. 그러니까 한 상자 덥석 안겨주기보다는 체험을 통한 결과물을 주는 셈이다.

일손이 부족한 농가에 봉사활동하러 가는 줄만 알았던 나는 뒤늦게 분위기를 파악하고는 멋쩍게 웃었다. 어찌되었든 농가에 도움이 되는 일이어서 흐뭇했다. 목적지가 가까워오자 모두들 사과밭 초입의 수박만 한 사과를 따기 위해 버스 안에서부터 발을 동동거렸다.

일행들은 내리자마자 사과밭으로 바삐 걸어갔다. 곳곳에서 탄성이 들려왔다. 청명한 가을 하늘과 빨간 사과의 진풍경에 잠재되어 있던 감성들이 대책 없이 쏟아졌다. 어쩌면 고단한 삶에 뭉쳐있던 응어리가 스스로 터지는 소리일 수도 있겠다. 눈부시고 찬란했다. 탄탄하게 영근 자태에 할 말을 잃었다. 크기도 엄청났다. 직원이 말한 게 허풍이 아니었다.

나는 사과 따기에 급급하기보다 벅찬 감정의 흐름에 따라 나직이 숨을 들이켰다. 사방이 탁 트인 곳에서 불어오는 사과향을 어쩌지 못했기 때문이다. 얼굴이 사과처럼 발그레 물들 즈음 나도 서서히 사과를 따려고 손을 뻗쳤다. 크기가 두 손으로 감싸 쥘 정도다. 전지가위로 단감 꼭지를 딸 때와는 다르게 사과를 쥔 채 두세 바퀴 살살 돌리니 꼭지가 똑 떨어진다. 그 경쾌함이 희열을 준다. 부드럽고 탐스러운 사과를 한입 베어 문 순간, 청량한 단맛이 입안에 가득 찬다. 어차피 내 몫이 정해져 있다면 크기가 무슨 상관 있으랴. 그냥 이대로 충만함을 느끼고 싶을 뿐이다.

광주리를 들고 사과밭을 나서는 일행들 머리 위로 붉은 방점, 하늘을 찍고 있다.

쿠무타크사막

끝없는 모래사막을 짚차로 달렸다. 긴박감과 스릴 넘치는 앞자리에 앉아 광활한 사막의 능선을 탐닉했다. 괴성을 지를 때마다 즐거움으로 오인한 운전수는 더 과격하게 몰아붙인다. 낭떠러지로 떨어질 듯한 아찔함에 온몸에 전율이 일었지만 그럴수록 눈을 더 크게 떠 사막의 동선을 살폈다. 바람이 일자 잠자던 모래가 머리를 둘러싼 스카프와 마스크 속까지 파고드니 입안이 모래로 자글거린다. 완전무장도 집요하게 파고드는 강한 바람에는 속수무책이다. 두세 개의 모래 산을 기어코 넘은 후에야 산중턱에 내려섰다.

뜨거운 호흡을 하고 있던 모래는 단박에 나를 휘감았다. 45도의 열기에 얼굴이 화끈거리고 온몸이 타는 듯했지만 사막은 황홀했다. 낯선 곳에 서면 두려움보다는 오히려 과감해지는 또 다른 나를 만나기 때문이다.

모래 위에 바람의 길이 있다. 사막의 바람은 물무늬를 이루며 무한하게 흘러갔다. 걸음을 옮길 때마다 모래 속에서 알 수 없는 강한 힘이 발을 끌어당겼다. 생명의 꿈틀거림인가. 저항하듯 두 발을 재빨리 옮기며 더 높은 곳으로 향했다. 하늘과 맞닿은 곳에서의 희열은 눈부셨다. 작열하는 태양과 사막의 열기가 합일된 뜨거운 아늑함. 그 오묘한 기운은 깊은 침묵 속에서 이루어지는 영혼과의 교감이었다.

일명 사라진 나라라는 이름을 가진 쿠무타크사막은 세계에서 유일한 도시로 연결되는 모래사막이다. 실크로드의 서역 남도에 자리하고 있어 동서 문화 교역에서 중요한 위치를 차지하고 있다. 중국 타림분지 남동쪽 고대 오아시스 도시로 선선의 고대국가인 누란이 전쟁으로 사라진 후 황폐해졌지만 모래로서 꿋꿋하게 남았다. 박물관에서 보았던 누란의 미녀 미라가 발견된 이곳은 바람에 의해 만들어진 곡선의 모래 산이 더없이 신령스럽다.

혹자는 사막을 일러 생명 없는 땅이라고 했다. 사막은 죽은 땅이 아니다. 모래 속에는 척박한 환경에서도 살아남기 위한 식물의 씨앗이 묻혀 있다. 태곳적부터 숨죽여 있을 뿐이다. 다만 촉촉한 비의 숨결을 느낄 때면 깊은 잠에서 깨어나 여린 가지를 뻗고, 잎을 틔우고 꽃을 피울 터이다. 벌을 불러들일 향기가 없으면 어떠랴. 사막처럼 적막한 꽃으로 피어나 저 홀로 의연할 것이다. 목마른 낙타가 보이면 기꺼이 목축임을 허용하리라.

바람은 모래를 일으켜 가볍고 무거운 입자를 나누어 놓는다. 그래서 모래 표면은 늘 잔물결로 뒤덮여 있다. 미세하지만 고요히 흐르며 살아있음을 보여준다. 곱고 부드러운 모래사막에 쌍봉낙타는 그 골을 넘나들며 혼자만의 주술을 외운다. 당장이라도 눈물을 떨굴 듯 슬픈 눈을 껌벅이며 천천히 알라신께로 향하지 않을까.

초생달 같은 사구가 조용히 소용돌이친다. 지형도 순차적으로 변한다. 바람이 직접 와 닿는 북쪽의 급격한 경사면에는 쉴 새 없이 모래가 무너져 내린다. 그때마다 긴 여운을 남기며 모래가 운다. 낙타도 눈물을 떨군다.

평온과 슬픔을 간직한 쿠무타크사막. 그곳에서 뜨거운 맛을 보았다.

바람의 화원

회랑에서 시간을 돌리다

여행은 혼자서 세상을 맞이하는 것이다. 또한 두려움과 호기심이 공존하는 낯선 곳에서 타인에 대한 나의 갈증을 해소하기 위한 것이기도 하다.

여행을 시작한 초기에는 세상의 뛰어난 경관을 보고 감탄하기 위해 길을 떠났지만, 차츰 눈을 뜨게 하고 귀를 열게 하는 만남을 통해 새로운 해석을 하게 되었다. 그렇게 미지로 향한 열망이 단조로운 일상에 파고들 무렵 겨울 여행을 감행했다.

북경에 도착한 날은 냉랭한 바람이 얼마나 혹독하게 불던지 도무지 앞을 볼 수가 없었다. 북경의 겨울 날씨를 익히 듣고는 있었지만 피부로 직접 느껴보니 예사로운 날씨가 아니었다. 몸을 최대한 둥글게 말아도 매몰차게 몰아치는 데는 당해낼 재간이 없었다.

겨우 중국 최대 규모의 황족 정원인 이화원에 도착하여 728m의 긴 회랑인 '요월문'에서 바람을 피했다. 회랑에 걸려 있는 대부분의 그림은 중국 역사의 전쟁을 다룬 것들이다. 참담함을 되새기는 그 시간 속을 거닐고 싶지 않아 망연히 호수만 바라보았다. 서늘한 냉기가 서려있는 쿤밍호는 어수선한 마음을 진정시켜 줄 만큼 품이 넓었다.

푸른 나무 사이로 화려한 건축물이 보였다. 희대의 악녀로 불린 서태후가 이곳에서 중국을 통치하며 권력을 휘둘렀지만, 달 밝은 밤에는 회랑을 거닐며 잔잔한 호수를 바라보았으리라. 저 넓은 호수 어디쯤에 야욕에 들끓는 그녀의 눈길이 닿았을까. 욕망과 분노를 다스려 부귀영화를 누렸더라면 지금까지도 그 명성을 높이 기렸으련만, 야욕에 찬 그녀의 생이 애달프다.

어쩌면 권력 뒤에 도사린 고립의 두려움이 그녀를 장악했던 것은 아니었을까. 인수전 앞 건륭제 때 청동으로 주조한 향로를 보면 황제보다 우월한 자신의 권력을 과시해 보이기 위해 은근히 용을 밀어내고 봉황을 가운데 놓았음을 알 수 있다. 문득 그녀의 도발적인 처세가 훗날 여성의 지위 향상에 초석을 다지는 계기가 되지 않았을까 하는 엉뚱한 생각도 들었다.

목이 말랐다. 이화원에서 자유로이 상상의 나래를 펼치며 가다 보니 어느새 만리장성이다. 가파르고 메마른 길에 바람의 기승이 더해져 흙먼지가 얼굴을 뒤덮었다. 앞서 가는 일행도 볼 수 없을 만큼 앞뒤 분간이 서지 않을 땐 잠시 멈춰야만 했다.

곡선을 타다

한바탕 전쟁을 치른 듯 엉켜있는 머릿결을 쓸어내리며 뒤돌아서자 바득바득 올라왔던 길이 아름다운 곡선이다. 탄성을 질렀다. 힘들었던 만큼 희열도 배가 된다. 그러고 보면 굴곡진 인생길도 그와 다르지 않다. 고통과 절망을 극복한 후의 성취감은 얼마나 다디단가. 그러한 삶의 뒤안길 역시 아름다운 무늬가 드리워질 터이다.

오르고 또 오르면 못 오를 리 없다는 말은 태산을 두고 한 말이다. 만리장성은 오를수록 끝없는 하늘 길이다. 머리 위에 드리운 흰구름이 온몸을 감싼 채 하늘로 데려갈 듯 풍광이 몽환적이다.

지구의 반지름과 거의 같은 길이어서 서쪽 끝인 가욕관과 동쪽 끝 산해관을 보는 일은 불가한 일이다. 빙산의 일각일 뿐인 몇 구간에서도 숨을 몰아쉬는 판이니 이만큼 오른 것만으로도 충분했다.

만리장성은 춘추전국 시대부터 진시왕이 흉노족의 침입을 막기 위해 만들어진 거대성벽이지만 벽돌마다 국민의 고혈이 녹아있어 결코 감탄만 할 일이 아니었다. 어쩔 수 없이 강행되어진 그들의 기구한 운명을 떠올리며 성벽을 쓰다듬자 눈물인 양 끈적임이 손바닥에 남았다. 바람이 불면 흙벽이 바스러질 테고 비가 오면 씻겨 내리는 게 그들의 피눈물이 아닌가 싶다. 결국 남아 있는 성벽은 상처 난 흔적일 터이다. 사람들의 숙연한 표정에서 그들에게 바치는 넋의 달램이, 그 숱한 발걸음이 무엇 때문이었는지 조금은 알 것 같았다.

천변의 풍경

동양의 베니스로 불릴 만큼 아름다운 풍경을 가진 여강은 한겨울인데도 초목이 푸르고 윤기가 흘렀다. 이곳 어디서든 보이는 옥룡설산에서 흘러나온 강물이 내를 따라 흐르고, 오래된 거리가 아름답게 아우러져 있어 낭만이 넘쳤다.

소수민족인 나시족의 거주지이며 800여 년의 역사를 지니고 있는 만큼 고성의 건축물은 독특한 양식으로 지어져 고풍스러웠다. 천변 따라 호프집과 락카페가 밀집해 있어 젊음의 발산지 같았다. 그곳에서 흘러나오는 음악은 지나가는 이들의 흥을 돋우었다. 맑은 물길을 따라 가다가 돌로 만든 다리에 걸터앉아 나시족의 생활상을 보는 것도 흥미로웠다.

전통의상을 입고 장신구를 파는 여인과 검게 거슬린 피부를 과감히 드러내며 생필품을 파는 남자, 알록달록한 과일을 좌판에 늘어놓고 보란듯이 소리치는 노인, 이곳저곳에서 한꺼번에 쏟아져 나오는 소리는 마치 확성기를 튼 듯 쟁쟁거렸다. 치열한 생의 현장이 아름답게만 보이는 건 여행이 주는 여유 때문인가 보다.

골목길의 운치

전통마을인 속하고진에 가기 위해 말이 준비되어 있었다. 말을 타고 옛 마방의 생활을 느껴보기로 한 것이다. 몽골에서 어린 마부와 함께 '호르당'을 외치며 초원을 달렸던 추억이 떠올라 가슴이 뭉클했다. 당장이라도 훌쩍 뛰어올라 말과 함께 달리고 싶은 야성이 꿈틀거렸다.

여러 말 중에서 가장 눈에 띄는 백마에 선뜻 올라타고 보니 선두에 섰다. 가장 늙수그레한 마부가 백마를 이끌었기 때문이다. 일행 모두가 말을 타고 각양각색의 스카프를 두른 채 마을로 향할 땐 마치 서부영화의 한 장면처럼 당당하고 멋스러웠다. 부드러운 바람이 스카프를 휘어잡고 포물선을 그리며 여강의 풍치를 한껏 끌어안았다.

말에서 내려 테라스가 예쁜 카페에서 모처럼의 휴식을 취했다. 북경에서의 이틀은 추위와 바람의 등살로 온몸이 경직되어서인지 한 모금 넘기는 차는 따뜻하고 달았다. 유리창을 통해 보이는 일행이 엄지와 검지로 하트를 만들어 준다. 몸과 마음이 녹록해지던 그 순간을 액자 속 풍경으로 새겨두었다. 훗날 추억의 단층들이 기억의 표면으로 떠오를 것이었기에.

수초를 스치며 흐르는 물에 파란 하늘이 담겼다. 유난히 푸른 하늘은 고산지대여서일까. 여강에 도착했을 때 살짝 어지럽긴 했지만 고산병을 들먹일 만큼은 아니었다. 게다가 리장 고성만큼 북적임 없이 고즈넉하여 한결 편안했다.

고풍스런 객잔을 기웃거리다가 집집마다 홍등이 가지런히

걸린 골목길과 마주쳤다. 복을 불러들이는 의미로 내건 홍등이 동화 속 풍경처럼 아름다웠다. 갑자기 얼굴이 상기되고 가슴이 뛰었다. 불현듯 장예모 감독의 영화 〈홍등〉이 떠올랐기 때문이다. 신분 상승을 위한 음모와 계략, 그리고 비극적인 종말을 그린 영화였다. 그때의 장면들이 진하게 남아있어 홍등만 보면 애련한 마음이 든다.

골목의 벽에 색다른 것이 눈에 띄었다. 나시족의 문자인 동파문자였다. 색을 입고 그림으로 나타난 상형문자에 구체적인 의미와 뜻을 헤아리기보다는 상상으로 풀어볼 수 있어서 흥미로웠다. 드문드문 동파문자의 등장으로 골목길은 한결 운치가 있었다.

객잔으로 가는 모퉁이에 다채로운 색상의 스카프와 수예품을 내놓은 상점에서 동파문자 문양이 새겨진 스카프를 구해 목에 둘렀다. 원색과 파스텔 색상의 스카프도 여러 개 산 덕분인지 주인이 선뜻 한 개를 덤으로 준다. 아마도 자신들의 문자에 대한 자긍심의 표현이 아니었을까.

소리와 표정을 만나다

드디어 여강에 밤이 내렸다. 만물이 편안히 숨죽일 때 은은한 불빛이 고성을 밝혔다. 찬란함과는 달랐다. 아늑하고 감미로웠다. 온통 걷는 자들로 뒤덮였던 거리도, 왁자하던 소리도 차분히 잦아들었다.

사물과 사물, 사람과 사람 사이에 끈끈한 기류가 흘러들어 마치 마법에 걸린 듯 신묘했다. 그것은 야경이 선사하는 평화로움이었다. 그 여운은 다음날 다녀왔던 호도협과 옥룡설산의 비경까지도 온전히 되살려 주었다.

길을 가는 내내 많은 소리와 표정을 만났다. 구석진 골목길에도 보잘것없는 것이 없고, 잔잔한 물길과 불빛마저도 경이로웠다. 세상 곳곳에 수많은 의미들이 새겨져 있는데, 한낱 내면의 감정 충돌에 시간을 허비할 수는 없는 일이다.

이제 바람의 화원을 찾아 홀연히 떠나는 일도 서슴지 않으리라.

제4부

상생

부조리와 모순이 난무한 곳에서 조각난 퍼즐을 맞추듯 스스로 끼워맞추며 적응해 간다. 모두가 따로 똑같이 담담하게.

트롯, 그 신명나는 노래

토해내는 슬픔이 절절하다. 끊어질 듯 이어지는 멜로디에 세상의 한이 굽이친다. 구성지고 애련한 노래에 가슴이 먹먹하다.

트롯, 일명 뽕짝이라고 하는 노래는 연륜이 지긋한 분들이 좋아하는 노래라고 여겼다. 이따금 들려오는 노랫가락에 흥얼거리긴 했지만 매료될 만큼은 아니었다. 그러던 어느 날 모 방송국에서 방영하는 예능 프로그램이 트롯 열풍을 일으켰다. 전국 각지에서 1,200여 명의 참가자들이 모여들어 서바이벌 형식으로 예선전을 치르며 그동안 행사장에서 겨우 생계를 유지하던 무명가수부터 고등학생까지 트롯의 기량을 마음껏 발휘했다.

그 시간이 되면 내 마음을 단박에 앗아간 그녀를 찾는다. 동그란 얼굴에 몸매가 받쳐주지 않아 무대에 서는 것이 부끄러웠다는 진도의 그녀다. 첫 오디션에서 단발머리에 체구가 작아 눈여겨보지 않았는데, 독특한 음색으로 높은 음에 꺾기까지 멋들어지게 부른 그녀를 본 순간 단번에 빠졌다.

국악으로 기본기가 다져져 있어서인지 부르는 노래마다 막힘없이 시원시원했다. 풍부한 감정표현과 노랫말에 따른 나긋한 손동작, 이렇다 할 퍼포먼스 하나 없이 관객의 숨결마저 옭아매는 카리스마는 단연 압도적이었다. 트롯은 누구나 들으면 저절로 빠져드는 노래였다. 노래도 결국 가사와 멜로디의 조화를 이루는 기술이며 기교라고 할 수 있겠지만 그녀는 타고났구나 싶었다.

인생사 희로애락이 담긴 가사는 모두 내 이야기 같았다. 그중 〈단장의 미아리고개〉는 정통 트롯의 진수라 불릴 만큼 감성을 자극했다. 노래의 첫음절에 실리는 음이 제대로 잡힐 때까지 수많은 연습을 반복하는 그녀의 치열한 열정은 빼곡한 글씨와 손때로 너덜거리는 악보에서도 보였다. 구성진 노래 실력은 물론, 구수한 입담에서 풍기는 수더분함과 정스러운 가족사까지 더해져 정서적인 공감까지 불러일으켰다.

무대 위의 그녀는 트롯계의 원석이 아닌 완성된 가수, 준비된 가왕의 모습이다. 경연 프로그램 우승 이후 다양한 예능프로그램에서도 러브콜이 쇄도하고 있으니 방송계의 핫 아이콘이 된 그녀는 이미 '스타'다.

10년이 넘는 긴 시간 동안 '트롯가수'라는 사실은 하나의 낙인이 되었다. 대중 앞에 설 수 있는 기회는 각종 행사 무대뿐이었고, 방송을 통해 이름을 알리는 것은 불가능했다는 그녀의 고백을 한 매체를 통해 접했다.

'언더그라운드', '비주류 음악'이라는 꼬리표를 달고 언젠가 비상하고 말겠노라 작심하며 실력을 갈고 닦았으리라. 포기하지 않고 달려온 그 시간은 그녀에게 가장 큰 날개가 되어준 셈이다. 그녀의 환한 웃음 속에 무심한 세월의 상흔들이 언뜻 스치는 듯하다.

구성진 가락 탓일까. '희망'이라는 씨앗을 품고 오늘도 기약 없는 미래를 향해 치열하게 살고 있는 청춘들의 모습들이 떠오른다. 세상에 주목받지 못하고 사그라지는 별똥별이 얼마나 많이 있는가. 어둠이 짙을수록 더 빛나는 진리를 그녀를 통해 깨달았으면 싶다.

오늘 저녁 그녀를 게스트로 초대해 진행되는 프로그램이 방영된다. 눈부신 트롯가왕이 보여줄 소탈한 입담과 꺾기가 그야말로 일품인 트롯 음악을 접할 생각에 벌써부터 마음이 설렌다.

오선지 위에 그려진 음표를 정박자 그대로 담아내는 멜로디가 아니라 다채로운 베리에이션의 조화가 매력인 트롯. 인생도 저마다의 선 위에서 때로는 높게, 때로는 느리게 인생의 질곡을 퉁겨내면 가치 있는 존재로 빛날 수 있으리라.

트롯, 그 신명나는 노래 한 곡 오랜만에 불러봐야겠다. 적당하게 밀고 당기다가 슬쩍 꺾어 넘기면 가슴에 고인 슬픔일랑 저절로 녹아내리지 않을까.

밤 줍기

가을바람이 삽상하게 불어올 때면 어디선가 밤송이 떨어지는 소리가 들리는 듯하다. 숲에 소도록이 모여 있는 것을 상상하자 마음은 이미 그곳으로 내달린다. 산행을 같이하던 지인을 불러 함께 밤 줍기에 나섰다.

진해 장복산 초입에 있는 밤나무 숲으로 들어섰다. 밤꽃이 한창 피던 유월경 일행들과 이곳을 스쳐갈 때 비릿한 냄새 때문에 옥신각신했다. 취향이 각별하다 보니 그 냄새에 호불호가

갈린 것이다. 밤꽃에 대해 잘 알고 있는 지인은 그럴 수밖에 없는 이유를 찬찬히 설명했지만 평소 농을 잘하는 지인이 엄동설한보다 견디기 힘든 냄새라고 하여 폭소를 터트렸다. 밤나무에 관해 일가견이 있는 목소리가 앞다투어 숲을 흔들었다. 문제의 비린 냄새를 안으로 거두고서도 이렇게 발길을 끌어당기니 무엇을 알려주고픈 것일까.

적당한 길이의 나무 막대기를 주어 풀숲을 헤집었다. 드문드문 밤송이가 눈에 띈다. 단단한 껍질에 가시가 있어 이럴 땐 재빠른 손길보다는 둔한 발길이 필요하다. 발을 살살 구슬려 까다 보면 밤알이 껍질을 훌러덩 벗고 나온다. 제 아무리 껍질이 단단해도 강한 발질 아래엔 당할 재간이 없나 보다.

밤을 줍다 보면 밤알이 두 쪽이 들어 있을 때도 있지만 세 쪽이 다다닥 붙어있는 것도 있다. 어쩜 그 비좁은 곳에서 똑같이 살을 찌웠을까. 더하거나 덜함이 없이 반듯하기가 재로 잰 듯하다. 마치 서로 양보하고 배려하는 도타운 형제를 보는 듯하다.

한두 시간 줍고 나니 비닐봉지에 제법 찼다. 처음에는 밤알이 작아도 눈에 보이는 대로 주워 담았다. 그러다가 잔꾀가 생겨 점점 굵은 것만 골라서 주웠다. 밤알의 크기에 따라 맛도 각기 다르건만 차츰 작은 것은 성에 차지 않았다. 껍질 까는 것도 번거로운 일이다 싶으니 나중에는 발에 걸려도 건성으로 보아 넘겼다.

저만큼 앞서간 사람들의 흔적인지 군데군데 껍질이 수두룩하다. 자잘한 밤알이 여기도 흩어져 있다. 나름대로 속을 채우느라 자양분을 한껏 들이켰으련만, 결핍으로 올되지 못한 것이 버림받는 것은 사람살이와 비슷하다. 부족하고 어리석어 보인다고 함부로 냉대하는 사람들처럼.

자연이 베푸는 양식에 욕심을 채운 게 민망하여 나름의 궤변을 늘어놓는다. 다람쥐며 청솔모 등 산짐승의 겨우살이로 남겨 둬야 한다고. 그러다가 밤알이 툭 떨어져 굴러가면 시선도 따라 굴러간다. 그것이 굵은 밤알이면 싸리나무 밑이든 찔레넝쿨 속이든 기어이 팔을 뻗어 취하고 만다.

밤나무 숲을 찾아오는 사람들은 안다. 돌아갈 때 빈손으로 돌아가지 않는다는 것을. 허리 굽혀 노력하는 만큼 안겨주는 게 밤 숲의 넉넉한 품이다. 그저 제 앞길만 알뜰하게 살펴도 적잖이 가져간다. 그러면서도 옆 사람이 줍는 밤을 기웃대는 것을 보면 사람 욕심은 끝이 없는가 보다.

밤 줍는 일에는 신통한 일도 있다. 같은 방향으로 걸어가다가도 줍는 자리는 언제나 다르다. 마치 제 몫이 정해져 있는 것처럼. 더구나 가풀막진 곳이라면 더 그렇다. 그땐 필연적인 만남이라며 어깨를 으쓱대기도 한다. 행여 가던 길에서 만나지 못했던 것을 돌아오면서 주울 때는 행운의 신도 내 편이라고 너스레를 떤다.

우연찮게 내가 지나간 뒤에 떨어졌을 수도 있지만 가면서 못 보았던 것도 많았으리라. 아마 내가 허둥지둥 지나왔거나 딴생각을 하느라 생의 길목에도 그렇게 놓쳐버린 무엇이 있었을 터이다. 미처 깨닫지 못했고, 품고 가꾸지 못한 채 놓쳐버린 인연들. 밤을 줍는 일이야 되돌아가는 길에 다시 찾아내는 기쁨도 있으련만, 후회와 미련이 남은 인생을 어떻게 되돌릴 수 있을까.

밤을 주우면서 땅의 숨결을 느낀다. 바람의 향기를 맡고, 밤나무 숲에 철따라 내리던 빗소리와 소복이 쌓이던 함박눈의 고요를 듣는다. 손아귀에 잡히는 그 실팍함, 정성 어린 돌봄이 없어도 제 생명 거뜬히 거두는 충실함. 이런 것이 자연에서 얻는 순리의 기쁨일까. 짐짓 허리 숙여 밤을 줍는 일이 자연에 경배를 올리는 작은 몸짓이라면 교만일까.

밤나무 숲을 빠져나오려 하자 지척에서 툭, 밤송이 떨어지는 소리가 들린다. 이만하면 되었다고 나직이 속삭이자 나뭇잎이 자늑자늑 흔들린다.

바늘 길

동그란 목선에 아기자기하게 달린 레이스는 천진한 아이의 웃음꽃 같다. 촘촘히 주름 잡혀 봉긋 솟은 어깨는 구름 빵을 닮았다. 앞가슴에는 전사지를 놓고 다리미로 압착한 뽀로로가 웃고 있고, 반반한 등판에는 앵그리버드가 창공을 날고 있다. 소매는 깜찍하게 핑크색 바이어스로, 중앙에는 가시도트를 나란히 달아 실용성을 더했다.

마치 그림책을 보는 듯 이야기가 읽힌다. 시집간 딸아이가 만든 점퍼에 대한 감상이다. 세련되고 고상한 것과는 차별되는 독창적인 디자인과 캐릭터가 재미있다. 유명 고급 아동복브랜드에서는 볼 수 없는 독특함이 한창 재롱을 떠는 아이들에게 흥미를 일으킬 것 같다. 점퍼와 썩 잘 어울릴 바지며 집시치마도 손쉽게 만든다. 하지만 그 쉬운 작업 속에 재잘거리는 이야기와 웃음을 섞느라 딴에는 고민한다.

드르륵 …드르륵…. 재봉하는 딸아이의 손놀림이 섬세하고 민첩하다. 천을 뒤로 접었다가 말았다가 꺾어가며 한 땀 한 땀 촘촘히 사랑을 심는다. 다양한 색실을 갈아 끼우는 게 번거로울 텐데 요소요소 예쁜 무늬를 놓는다. 알맞게 시접 된 부분은 바늘이 수월하게 지나가지만 굴곡진 부분에는 손끝에 바짝 힘을 실어 들이민다.

신기한 일이다. 두 개의 천이 맞닿은 곳마다 바늘 길이 열린다. 그 길은 곧고 반듯하다. 마음길이기도 하다. 자칫 감정의 파고가 일렁일 때는 울퉁불퉁 모난 길이 되기 십상이다. 평온할 때와 혼란할 때의 심상을 확연하게 보여 준다. 딸아이에게 재봉하는 시간은 사랑을 짓는 일이기도 하다.

어쩌면 지루하고 힘겹기도 한 바늘 길을 딸아이는 기꺼이 찾는다. 도안한 대로 그럴싸하게 만들어질 때쯤 여유 있는 웃음을 내게 보낸다. 나도 따라 미소 짓다가 흠칫 가슴 깊이 눌러 놓은 기억의 흔들림에 놀란다. 딸아이가 바느질을 할 때면 으레 떠오르는 그 몹쓸 기억이 나를 슬프게 한다. 딸아이도 흔들리는 내 눈빛을 보고 제 기억과 맞닿아있음을 알아챈 것일까.

나는 그때 내 아이에게 도대체 왜 그랬던 것일까.

딸아이가 여섯 살쯤 되었을 때였다. 여러 개의 플러그를 꽂으면 과부하가 일어나듯 당시 나에게 짐 지워진 것들이 버거워 신열이 날 지경이었다. 감당할 수 있을 만큼 주어진다는 시련의 한계도 믿기지 않았다. 힘들면 포기하고 내려놓을 수도 있으나 그렇게 하기에는 자존심이 허락지 않았다.

시집살이의 어떤 상황이란 것도 나에겐 무익한 것이었다. 오직 오기 하나만이 유일하게 나를 지탱하고 있던 때였다. 그런 나에게 딸아이와 공유하던 종이인형은 내면의 모순과 수시로 끓어오르는 불협화음을 불식시키기에 좋은 도구였다. 그것을 마주할 때면 온순한 나를 찾게 되고 그 시간이면 아이의 눈높이에서 마음껏 콧노래를 불러댔다. 종이가 얇아 찢어질까 봐 두꺼운 마분지를 덧대어 주기도 하고 필요한 장신구는 직접 그려 오려주기도 했다. 원하면 모든 것이 내 손에서 만들어졌기에 종이인형은 온갖 화려한 것을 다 가질 수 있었다. 가방과 구두, 예쁜 머리띠까지…. 딸아이가 원하는 것이면 뭐든지 가능했다.

그러던 어느 날 억누르고 있던 분노가 딸아이에게로 향했다. 그토록 애지중지하던 종이인형을 갈기갈기 찢어 비 내리는 마당으로 던져버렸다. 종이옷이 가득 담긴 상자도 통째 날려버렸다. 아이가 좋아서 매만지던 것이면 죄다 찾아내어 없애버리기에 혈안이 되었다.

그 흔한 플라스틱 인형 하나 사주지 못할 만큼 궁색한 형편은 아니었지만 그런 것은 사치라고 생각했었나 보다. 겁에 질려 울음을 삼키던 아이는 젖은 종이인형을 제 손바닥에 올려놓으려 했지만, 빗물에 형체가 일그러져 아무짝에도 쓸모가 없었다. 날마다 예쁜 옷을 갈아입히며 즐거워했던 인형이 갑작스레 사라졌으니 그 상실감이 얼마나 컸을까. 아이의 허망했던 눈빛이 아직도 가슴을 저미는데 딸아이인들 어떻게 그 일을 잊을 수 있을까.

이따금 왜 힘들게 재봉을 하느냐고 물으면 바늘 길 따라 촘촘히 사랑을 심는 일이 마냥 즐겁단다. 누구에게나 자신의 마음속에 가슴 벅찬 환희나 죽을 만큼 고통스러운 사연 몇 개쯤은 가지고 있을 터이다. 아마도 딸아이는 그날 선명하게 각인된 기억을 소담하고 아련한 작업들로 꾸미고 어루만지며 살아가는 것만 같다.

어쩌면 회피하고 싶은 순간들을 습관처럼 무의식 속에 억압시켜 놓고 살아왔는지도 모른다. 상처는 사라지는 것이 아니라 무의식에 가두어진다는 것을 비로소 깨닫는다. 그때 갈기갈기 찢어진 옷, 그 흐물거리던 종이옷에 대한 안타까움이 이제 딸아이의 손에 의해 재탄생되고 있는 건 아닐까. 아니 그렇게 믿고 싶다. 그래야만 나 스스로 용서를 받았다고 위로할 수 있을 테니까.

젖어버린 종이옷이 리드미컬한 재봉틀 소리에 춤추듯 다시 살아난다. 희고 고왔던 내 아이의 손. 이제 세 아이의 엄마가 된 딸아이의 손끝에서, 가슴 저리게 흐르듯 이어지는, 박꽃같이 환한 바늘 길을 본다.

KOVEA
It's a real experience

안경

흐릿하다. 낱낱이 분산된 글이 도무지 무슨 글씨인지 분간이 어렵다. 두 눈을 반쯤 감듯 실눈으로 초점을 맞추면 겨우 한 문장이 읽힌다. 손은 계속 가방 속을 뒤적거린다. 문제의 안경이 덜컥 손에 잡히면 이 당혹감이 일시에 거두어지련만, 아무래도 시간에 쫓겨 황급히 나오느라 빠뜨린 모양이다. 두 시간 강의를 들으면서 요점의 글을 안경 없이 적으려니 여간 곤혹스럽지가 않다.

강의의 요지를 명확하게 듣고 뇌리에 저장하지만 어쩐 일인지 돌아서면 쉬 잊는다. 돌이켜 생각해 보면 재생능력이 예전과는 다르다. 가물거리기만 하고 핵심이 또렷이 떠오르지 않으니 애간장이 탄다. 한두 단어라도 적어두면 연결 지어 문장을 만들 수 있겠건만 그조차 쉽지 않아 오만상을 찌푸린다. 그러다보니 미간에는 사람 인人 자가 턱하니 자리 잡았다.

언제부터인가 눈이 예전과 다름을 느꼈다. 눈앞이 침침하고 사물은 뿌옇게 흔들렸다. 글자는 네발 세발 달린 벌레처럼 꾸물거렸다. 사물의 형태가 흐릿해지니 정신이 사나워지고 마음도 불안했다. 한때 안경 낀 사람이 지적으로 보여 그 모습을 동경했는데 막상 안경을 껴야 할 처지가 되고 보니 현실과 이상에 괴리감이 생겼다.

안경을 쓰면서부터는 그동안 보아온 세상이 실제의 색과 빛이 아니었다는 것은 충격이었다. 정상적인 세상에 도달하지 못한 채 주변을 겉돌며 살아온 세월이 한심했다. 좀 더 또렷하게 보기 위해 도수를 맞춰 용도에 맞는 안경을 두어 개 마련했다. 그때부터 명료한 세계와 흐릿한 세계. 두 개의 세상이 공존했다. 그 간극은 요지경 속 같았다.

처음 안경을 맞추고 거리를 걸을 땐 땅이 울렁거렸다. 마주 오던 사람도 요상하게 일그러져 보였다. 육교를 오르내릴 땐 공감각이 떨어져 난간을 붙잡고 한참을 서 있었다. 세상이 흔들리니 속까지 매스꺼웠다. 도수에 적응하지 못한 탓이다. 게다가 낮은 코로 안경이 흘러내려 여간 성가신 게 아니었다. 이런 저런 일이 마뜩잖았지만 참고 견디면서 며칠을 보냈다.

그러다 어떤 모임의 자리에서 안경의 위력을 느꼈다. 마주 앉은 여성의 피부가 너무나 선명하게 보였다. 파우더에 살짝 감춰진 검버섯과 눈가의 잔주름, 속눈썹에 뭉쳐있는 마스카라의 입자와 살짝 웃을 때 들어가는 볼우물의 깊이까지. 그녀의 실제 피부가 낱낱이 드러난 셈이다.

건너 테이블에 앉은 남성의 넥타이핀 모양과 귀밑머리에 흘러내린 흰 머리카락, 하물며 들고 있는 잡지의 이름까지도 또렷이 보였다. 마치 여태 보지 못한 진귀한 장면이라도 본 듯 사방을 두리번거리며 스캔했다. 그야말로 신세계였다.

하지만 대상을 섬세하게 보게 되는 일이 결코 좋지만은 않았다. 창틈에 끼인 이물질이며 거울에 묻은 손자국, 풀풀 나는 먼지에 신경이 곤두섰다. 그동안 두루뭉술 넘어갔던 것들이 발목을 잡은 것이다. 그 정도이기에 망정이지 만약 미세먼지의 입자까지 볼 수 있다면 제대로 숨이나 쉴 수 있을까. 그것들에 신경쓰다 보면 필경 노이로제에 걸릴 터이다.

빛의 현상과 성질을 연구하는 물리학의 진보로 보게 된 세상은 가히 획기적이다. 사물에 대한 깊은 통찰력은 보는 것과 보이지 않는 세계에 닿았다. 집요한 연구가 가져온 놀라운 세상. 안경은 보는 것에 국한된 것이 아니라 사물의 본질을 깨닫게 하여 인식의 변화를 주는 중요한 것임을 알게 했다.

과학의 발달이 이토록 급진적이면 머잖은 날 사람 마음을 들여다보는 안경도 발명할지 모른다. 미세한 표정의 감정 상태까지 알아낼 수 있다면 상처 받을 일은 없지 않을까. 그러면 열길 물속은 알아도 한길 사람속은 알 수 없다는 속설도 자연히 사라질게다. 언젠가는 그런 일이 일어날 수도 있겠지만 당면한 현실에선 사람과의 관계를 진솔하게 이어가야 하는 일이 우선이지 싶다.

강의를 듣고 나오자 하늘이 흐릿하다. 삼삼오오 짝지어 나오는 사람들 틈에서 미처 챙기지 못한 안경 탓을 한다. 마음까지 어수선하다고. 하지만 가끔은 이렇게 흐릿한 세상에 서 볼 일이다. 맑고 명료한 세상을 보기 위해 안경의 도수 맞추는 데만 급급했지 정작 맞춰야 하는 것은 마음의 도수였다는 것을 깨달을 수 있게.

노인의 뒷모습

앞에 걸어가는 노인의 걸음걸이가 위태로워 보였다. 굽은 등에 큼직한 배낭도 버거워 보이는데 휘어진 다리마저 양손에 든 짐에 휘둘려 휘청거렸다. 마치 동물의 세계에 나오는 도마뱀이 도망가는 모습처럼 볼품이 없었다. 얼마나 고생을 안고 살았으면 저토록 몸이 망가질 수 있단 말인가. 보기에 안쓰러울 정도다.

오가는 행인들은 단지 흘러가는 풍경일 뿐이다. 자신과 무관한 일에는 관심이 없다는 듯 잠시 머물던 시선도 이내 거둬들인다. 삶이 팍팍해서일까. 그래서 인정마저 메말라 버린 것일까. 마침 저녁 운동하러 가는 방향이기에 잠시나마 거들고자 노인의 짐을 냉큼 집어 들었다. 나의 갑작스런 호의에 반색을 하는가 싶더니 일 초의 망설임도 없이 이왕이면 이것도 들어 달라며 다른 손에 든 짐도 불쑥 내민다.

순간 어이가 없었다. 가급적이면 무거운 것은 피하려고 몸을 사리는데 이렇게 마구잡이로 떠미니 친절이 반감된다. 하지만 오죽 힘에 부쳤으면 처음 본 내게 그럴까 싶어 이해가 되었다. 노인은 시달리던 몸이 가뿐해지자 기분이 좋은지 큰소리 내어 웃었다.

비닐봉지엔 석 단이나 됨직한 열무와 참외가 가득하다. 손수레라도 갖고 와서 장을 보시지 왜 이렇게 무모한 일을 하냐고 물었다. 처음에는 한두 가지만 사려고 했는데 막장 떨이라 싸기도 하거니와, 누워 있는 영감 간식까지 챙기다 보니 많은 걸 장만하게 되었다며 배낭에 든 토마토를 자랑 삼아 들썩거렸다.

순전히 자신의 안위보다는 가족 위주의 발상이다. 그렇지 않고서야 초라해진 몰골에 무심할 수가 없기 때문이다. 칠순이 넘은 듯한 얼굴에 검버섯이 만개했지만, 호방한 웃음소리에는 질곡의 삶을 거뜬하게 버텨 온 자신감이 있었다.

묵직한 짐을 받아들자 진땀이 났다. 양손에 든 무게로 나 역시 걸음걸이가 반듯하지 않았지만 아무려면 노인의 힘듦에 비할까. 그분의 눈에 비친 나는 억장같이 쌓인 일도 척척 해 내는 청춘인 게다. 그래서인지 나의 동태는 안중에도 없고 묻지도 않은 가족사를 들려주기에 바쁘다.

한 십 분쯤 걸었을까. 아파트 단지가 보였다. 신호등이 있는 횡단보도만 건너면 될까 싶었는데, 100m 전방에 있는 아파트를 가리킨다. 그 길은 오르막길이다. 노인은 황망한 내 표정을 읽었는지 도와줘서 고마웠다며, 이제는 갈 길 가라고 손을 내젓는다. 하지만 평지에서도 숨을 헉헉거리는데 이토록 무거운 짐을 들고 저 길을 어떻게 가나 싶다. 차라리 처음부터 외면했더라면 이런 불편한 마음은 없으련만. 내 오지랖 덕분에 땀깨나 흘리게 되었다. 다시 동행하게 된 기쁨 탓인지 노인의 목소리는 더욱 고조되었다.

자녀들을 출가시킨 후에도 지속적인 뒷바라지며, 찬거리 장만에 택배까지 보내는 일은 자식을 향한 맹목적인 사랑이다. 이제 그들에게 봉양 받아야할 처지라고 두둔했더니, 도리어 그런 수고가 삶의 활력소가 된단다. 쉴 틈 없는 얘기 중에 잠시 격랑의 세월을 떠올리는가 싶었지만 노년의 쓸쓸함은 눈에 뜨이지 않았다.

보랏빛 수국이 구름 꽃처럼 탐스럽게 피어있는 아파트 입구에 다다랐다. 늘 보는 꽃이지만 볼 때마다 어여쁘고, 자식처럼 사랑스럽다며 꽃숭어리를 연신 쓰다듬는다. 그때 보았다. 수시로 밀려오는 외로움과 그리움을 떨치기 위해 무조건 웃는다는 것을. 그것이 위안이 된다는 것을. 잠시 목을 축이고 가라며 잡은 손은 거칠었지만 따뜻했다. 애써 사양하고 나섰지만 노인의 애틋한 정은 호수를 걷는 내내 출렁거렸다. 일면식도 없는 노인과 삼십여 분의 동행에 긴 여운이 남았다.

내가 본 어처구니없게 망가진 뒷모습은 삶의 깊이를 헤아리지 못한 서투른 판단이었다. 상대가 어떻게 보던 관여치 않고, 정직하고 당당하게 살아온 모습에 알량한 인정으로 거들먹거린 오만이 부끄럽다. 내가 거들지 않았어도 노인은 온몸을 억누르고 있는 무게에 저항하면서 꿋꿋이 횡단보도를 건너고, 힘차게 오르막을 걸어 당연한 것처럼 아파트에 당도했을 것이다. 오랜 세월 고난과 끈기의 내공이 쌓여 있음을 눈치채지 못한 나의 어리석음에 얼굴이 화끈거렸다.

문득 요즘 미술계에 문제가 되고 있는 조영남의 그림 사건이 떠오른다. 자신의 것처럼 의기양양하다가 타인이 그린 대작으로 들통이 난 후의 수치심은 어떻게 하나. 본인은 차치하고서라도 그림에 애착을 갖고 거액 주고 사들인 사람들의 낭패감은 무엇으로 보상해야 하나. 명망을 떨치지 않은 작품일지라도 최선을 다한 작품이라면 언젠가 그 가치는 인정받게 되어 있다. 미술계에서는 이론이 분분하여 뭐라고 단정 지을 수는 없지만, 조영남의 삶은 소박하게 혼신을 다해 살아온 노인의 뒷모습보다 초라하기 짝이 없는 것은 분명하다.

내가 저녁마다 끊임없이 운동하는 것은 단순히 외모를 가꾸려는 것이 아니었다. 호수 변 바람이며 풀꽃이며 그것이 풍겨주는 아름다운 향기로 정신의 충만함을 누리고 싶었다. 그러나

오늘 만난 노인의 뒷모습에 어쭙잖은 잣대를 들이 댄 것은 외형을 중시하고 있음을 보여주는 게 아닌가.

타인이 바라보는 나의 뒷모습은 어떨까 생각하니 갑자기 등이 시리다.

끝날 때까지 끝나지 않았다

폭염이 계속되고 있다. 뜨거운 햇볕을 견디지 못한 유리창은 저절로 파열되고 농작물은 지독한 열기에 제자리서 녹아내린다. 방송에서는 노약자와 아이들이 바깥출입을 자제하도록 당부한다. 실로 40년 만의 무더위에 모두가 초긴장 상태다. 태풍 '쁘리빠룬'도 그 기세에 놀란 듯 스쳐 지나갔다. 오죽하면 한 번 왔다 가면 뒷감당이 힘든 태풍 오기를 바랄까.

예전에는 신록으로 짙은 나무 그늘이 더없는 휴식처였다. 평상에 둘러 앉아 신선한 바람으로 더위를 식혔고, 이열치열이라며 막걸리에 파전을 부쳐온 이웃 덕분에 여름나기가 한결 쉬었다. 그런데 요즘은 선풍기며 에어컨이 없으면 견디기 힘들어 한다. 집집마다 전기사용의 과부하로 차단기가 내려가고 아파트 대단지도 유례없이 정전이 되었다. 새벽공기도 후덥지근하다. 폭염도 재난이라는 말이 실감난다. 이럴 때면 폭포수같이 시원했던 그날을 떠올린다.

얼마 전 한국 축구가 2018년 러시아 월드컵 우승 후보로 꼽혔던 '전차군단'인 독일을 2대0으로 무너뜨렸다. 8년만의 16강 재현을 염원했던 축구팬들의 기대에는 미치지 못했지만, 마지막 순간까지 최선을 다한 선수들의 눈물겨운 투지에 국민들은 환호했다. '끝날 때까지 끝나지 않았다.'는 구호대로 명쾌한 경기를 보여주었다. 승패 문제가 아니라 불굴의 정신력에 감격했다. 정말 자랑스러웠다.

그러면서 생각했다. 만약 그들이 한 골의 득점도 없이 실패한 경기를 했다면 우리는 어떻게 했을까. 기대에 부응하지 못한 아쉬움에 야유를 퍼부었을까. 아니면 패배한 마음을 헤아려 격려하고 용기를 주었을까. 역지사지처럼 입장 바꿔 생각하지 않는 다음에야 간사한 사람 마음을 종잡을 수 없다,

사실 어떤 경우에도 경기를 치른 선수들만큼 절박하지는 않을 것이다.

고되고 힘든 맹훈련 속에서도 국가대표의 사명을 품고, 오직 골 하나에 생을 걸었을 터이다. 인내와 투지로 버텨온 시간의 결과에 고개 숙여 말을 잇지 못하는 선수들을 보자 나도 울컥했다. 떨어지는 눈물을 애써 거두며 힘찬 박수를 보냈다. 경기는 끝났지만 무한한 가능성을 믿고 끊임없는 응원만이 그들의 자존을 세우는 일이겠기에 정말 손바닥이 벌겋도록 치고 또 쳤다.

그런 날 같으면 이까짓 폭염이 뭔 대수이랴.

상생

오뉴월 땡볕이면 속옷 여러 장 말린다는 말이 있다. 군대에서 하루의 중요성을 강조한 말이며 계급 혹은 선후배를 가릴 때 흔히 쓰는 말이다. 짬밥을 얼마나 먹었느냐에 따라 내공의 힘을 구분 짓는 말과도 같다. 군대에서야 어찌되었던 비일비재한 사건사고를 통해 전우애도 쌓고 틀에 박힌 생활을 하면서 젊음을 보낸다.

다수는 아니지만 군대에서의 시간 간극은 변방으로 내몰리는 느낌을 들게 한다. 그러기에 세상이 녹록지 않음을 알고 각고의 노력을 하는 것이다. 우리가 영웅으로 일컫는 국가대표 선수처럼 혼신을 다해 군복무를 마친 제대 군인도 국민의 영웅이다. 노심초사 국방의 의무에 전력을 다했으니 그 노고를 어찌 잊을까. 보이지 않는 세계가 더 넓고 크듯이 청춘과 맞바꾼 세월의 궤적 또한 어떻게 논할 수 있을까.

아들은 ROTC 장교로 군 복무를 마쳤다. 일반 제대군인과는 차별된 복무였지만 나라와 국민을 위하는 마음은 차고 넘쳤다. 혈기 충만한 시절을 군에서 보낸 후 막상 사회에 나오고 보니 현실과 다른 괴리감을 느꼈다. 군 입대할 때와는 달리 급변하는 사회현상으로 애초에 세웠던 계획을 바꿔야만 했다. 열정을 바칠 만반의 준비는 되어 있지만 불안한 시대의 흐름을 간과할 수 없었던 것이다.

안정된 자리에서 미래에 대한 포부를 가질 때는 많은 시행착오를 겪은 후였다. 날카롭고 부정적인 성향의 집합체에는 지극히 온화하고 긍정적인 사람도 포함된다는 것을 알아간다. 때로는 어제의 전우가 오늘 갑자기 적군이 되는 당혹스런 순간도 만난다. 그렇게 부조리와 모순이 난무한 곳에서 조각난 퍼즐을 맞추듯 스스로를 끼워 맞추며 적응해 간다. 모두가 따로 똑같이 담담하게.

방독면을 쓰고 밀폐된 공간에서 가스에 대응하던 강인한 정신력과 용감무쌍하게 각개전투를 치른 투지라면, 어떠한 난관도 거침없이 헤쳐 나갈 수 있을 터이다. 하여 의로운 마음 다잡아 당당한 자존감으로 제 삶의 터전에서 우뚝 설 일이다.

서로 도와서 함께 존재해야 하므로.

사각지대

꽃잎이 우주를 여는 아침, 상쾌한 시작이었다.

꽃망울의 청초한 자태에 시선을 거두지 못하는 것은 마음 가득 충만한 행복감에서였다. 그렇게 평온과 여유가 하루를 채워 가기에 일상은 끊임없이 반복되어 가는가 보다. 그런데 한 치 앞을 모르는 게 사람일이라 했던가. 도저히 납득할 수 없는 일과 맞닥뜨리고 보니 인생무상이란 말이 실감난다.

손녀의 돌을 맞이하여 서울로 향했다. 개성 있는 이벤트로 행사장의 열기는 애드벌룬을 띄울 듯 뜨거웠고 아이의 출생에서 오늘에 이르기까지 감사 의미를 되새기는 시간은 늦은 밤에서야 마무리되었다. 다음날 아침, 지치고 고된 아들 내외를 위하여 강화도 전등사로 나들이를 제안했다. 북적이던 어제의 상황과는 달리 여유롭고 한적한 산사의 분위기를 안겨주고 싶은 까닭이었다. 저들도 모처럼 상경한 부모와 함께하는 게 도리라고 여겼던지 흔쾌히 따라나섰다.

남편의 운전석 옆자리에 앉아 확 트인 시야를 보며 오래간만의 가족나들이에 마음이 설렜다. 애면글면 보고파 했던 시간들이 덤으로 채워지는가 싶었다. 그때였다. 갑자기 시커먼 물체가 어찌할 겨를도 없이 눈앞으로 달려들었다. 악! 비명을 지르는 순간 "쾅" 하는 금속성의 날카로운 소리가 공중으로 흩어졌다.

깜깜하고 아득한 공간에 홀로 내팽개쳐지는 느낌. 거세게 소용돌이 치고 있는 미묘한 기류에 마구 빠져드는 섬뜩한 기분. 그건 두려움이라기보다는 가뭇없이 스러지는 허무감이었다. "나" 라고 명명하는 하나의 개체가 산산이 해체되는 꿈같은 현상이었다.

모든 것이 정지된 듯 정적이 흐른 뒤 아이의 울음소리가 혼미하게 들려왔다. 차체는 엉망으로 일그러졌지만 다행히 모두가 무사했다. 그런데 너무나 황당한 일이 일어났다. 과속도 신호위반도 아니었다. 그저 신호 받아 직진하는데 옆 차선에서 갑자기 들어와 우리 차를 들이받았다. 그런데 왜 8:2의 과실을 논해야 하는지 받아들일 수가 없었다.

손주를 포함해 다섯 명이 탔던 우리 가족에게 상대방은 미안하다는 말 대신 못 봐서 그런 거 어떻게 하겠나, 보험처리할 거니까 인상 쓰지 말라고 한다. 상대는 보험사 직원만 의지하고 우리의 상태를 물어볼 마음은 안중에도 없다. 적어도 우리에게 다가와 다친 곳은 없느냐고 묻는 게 우선이 아닌가. 도덕성과 양심은 한강에 내다버렸는지 괘씸하기 짝이 없다.

아들은 재빠르게 상대방 과실이 여실이 드러나는 현장과 차내에 설치된 블랙박스를 핸드폰으로 찍었다. 모르쇠로 일관하는 태도를 봐서는 말이 통하지 않을 것 같아서였다. 역시나 블랙박스 칩으로 판독을 하려니 칩이 없다고 한다. 도대체 말이 되는 소리인가. 그러면 블랙박스는 무슨 소용이란 말인가. 어이 없어 망연자실하고 있는데 아들이 사고 직후 가해자가 횡설수설하며 아무것도 못보고 유턴했다는 말을 녹음한 것을 틀었다. 그제야 발뺌할 처지가 아닌 것을 알았는지 저자세로 나왔다.

그 근거로 8:2란 어처구니없는 보험사 처리 관행을 뒤집을 수 있었다. 100프로 과실을 인정한 것이다. 도대체 보이지 않은 것을 어떻게 볼 수 있겠는가. 사각지대에서 불현듯 나타나 대응하기 어려웠다며 난감해 하는 그의 말이 이해는 되었다. 살면서 대처하기 힘든 상황이 발생하는 경우는 보이지 않는 곳에서 복명처럼 일어나지 않던가. 하지만 보상처리에 앞서 인간적인 면을 조금이라도 보여줬더라면 이렇게 궁지로 내몰지는 않았을 터이다.

차는 인천 차량 센터에 맡겨두고 렌트한 차로 내려왔지만 사고 후유증인 심리적인 불안감과 근육통이 보름을 넘어섰다. 약물로 치유할 수 없는 마음의 상처는 안정을 취해서라야만 가능하다고 하는데 멀리서 달려오는 차가 죄다 내게로 돌진하는 환영에 사로잡혀 도무지 안정이 되지 않는다. 흔한 문안인사로 밤새 안녕이라는 말이 예삿말이 아님을 통감한다.

한 줌 햇살에도 꽃망울이 부풀어 올라 벚꽃이 펑펑 터지고 있는데 난 어지럼증과 오한으로 봄을 제대로 마주할 수가 없다. 얼른 자리를 박차고 일어나 흐드러지게 핀 봄꽃 향연에 들어서고 싶다. 화사한 옷차림을 하고 들꽃 가득한 커피점에서 한참 맛 들인 드립커피 케냐를 마시고 싶다.

물속 같은 고요에 잠기니 생각의 촉이 뻗는다. 아프니까 보인다.

잉어찜, 그 특별한 맛이란

가을 들머리의 쾌청한 하늘을 본다. 가만히 있기에는 산들바람의 간지럼이 집요하다. 휘적휘적 몸을 이끌고 집 뒤 동산으로 오른다. 가는 길에 온갖 꽃이 시새워 피어나니 꽃길이 된다. "눈이 부시게 푸르른 날은 그리운 사람을 그리워하자." 송창식의 〈푸르른 날〉의 가사처럼 오늘이 그런 하늘빛이다. 고개를 들어 하늘을 본다. 또 눈시울이 뜨거워진다. 며칠 전부터 추억에 젖은 음식을 더듬어 보려는데 돌아가신

어머니의 모습이 자꾸 어른거려 목울대가 아리다.

큰 양푼에 갖은 양념을 후리는 모습, 왜 유독 그 모습만이 선명하게 떠오르는 걸까. 요리할 때마다 곁에서 종알대고 성가시게 해서일까. 내치는 손길보다 앞치마 볼끈 매주며 무 하나 쥐어준 기억 때문일까. 아마도 갖은 음식으로 많은 사람들의 노곤한 몸과 애환을 달래줬음을 알기 때문일 게다.

어머니는 아무리 바빠도 음식 만드는 일에는 정성을 쏟으셨다. 과일 하나를 사더라도 크고 좋은 것을 사고, 생선은 물이 좋지 않으면 아무리 싸게 준대도 사지 않았다. 그날도 구포 낙동강 변에 고깃배가 들어선다는 소식을 듣고는 양동이를 들고 나섰다. 잠시 후 집으로 돌아와 대야에 쏟아 부은 잉어들은 큰 놈으로 예닐곱 마리나 되었다. 낙동강 물을 죄다 마신 양 배가 볼록했고 서로 부대끼며 파닥거리느라 내 꽃무늬 원피스는 비린내로 얼룩졌다.

그날은 이웃 아저씨들이 어머니의 연락을 받고 온 듯했다. 평상에서 느긋하게 장기를 두는 분들은 내기를 할 때마다 아버지를 이긴 적이 없는 분들이었다, 워낙 장기를 잘 두셔서 훈수

두는 것조차도 꺼려했다. 아버지는 침묵으로 일관하면서도 그 자리를 지키셨다. 어머니는 친구들과의 관계가 소원해지는 것을 감지하셨는지 이참에 잉어찜을 푸지게 차려 친목의 끈을 이으시려는 거였다.

비늘을 긁어내고 내장을 빼내 씻는 것은 어머니가 하셨지만 무를 씻는 일은 내가 하려고 떼를 썼다. 하지만 고작 열 살 된 내 손은 무를 감당하기엔 버거웠다. 어머니는 심드렁해진 내게 갖고 놀 만큼의 크기로 잘라내 주고는 큼지막하게 썬 무를 냄비에 켜켜이 깔았다. 다시마 우려낸 육수에 간장, 고추장, 청주, 물엿, 다진 마늘과 생강 등의 갖은 양념장을 후려 무에 고루고루 부었다. 그 위에 잉어를 가지런히 놓고 남은 양념장을 부었다. 무와 잉어가 가진 본래의 맛을 우려내기 위해서 한참을 연탄불에서 익혔다.

뭉근하게 졸여진 그 위에 청양고추와 대파를 숭숭 썰어 넣고 향긋한 깻잎과 방아 잎도 뚝뚝 떼어 넣었다. 한소끔 더 익힌 후 뚜껑을 열자 뽀얀 김에 쓸려나온 매콤한 냄새가 한참 두고 있는 장기판을 접게 했다. 평상에 둘러 앉아 잉어찜의 담백하면서도 쫄깃하고, 얼큰하면서도 개운한 맛을 즐기며 언제 그랬냐는 듯 서로의 마음들을 끌어안았다. 아버지의 무릎에 바짝 당겨 앉은 나는 아저씨들이 건네주는 뽀얀 속살을 넙죽넙죽 받아먹었다. 찬물에 헹군 무의 물컹하고 감칠맛 나는 그 맛도 잊을 수가 없다. 강물을 닮았던 잉어의 싱싱한 빛깔이 저녁노을처럼 붉은 채로 모두의 가슴에 물들어 갔다.

지금도 특별한 날에는 잉어찜을 한다. 비늘을 치고 내장을 빼내어 씻는 일은 이제 숙련이 되었다. 적어도 셋 이상이 모여 젓가락 부딪치며 먹어야 제대로의 맛을 즐길 수 있을 터이다. 잉어찜은 화합과 소통의 음식이다. 무와 잉어는 서로 다른 성격의 재료이지만 한데 어우러졌을 때 은근하고 깊고 조화로운 맛을 드러낸다.

모처럼 마음이 환하게 더워진다. 양념을 후려 이참에 잉어찜을 한 번 할까 보다.

| 작품해설 |

김지헌 | 문학과 삶의 길항작용
—이동이의 〈바늘 길〉

허상문 | 미적 경험의 해석 방식
—이동이의 〈산귀래별서山歸來別墅 단상〉

문학과 삶의 길항작용

―이동이의 〈바늘 길〉

김지헌
(문학평론가, 소설가, 조선대학교 외래교수)

1. 문학과 삶은 닮은꼴

문학은 언어를 통해 인간존재에 대한 질문과 탐색과 해답을 구하려는 인간의 깊은 통찰력에서 시작한다. 그래서 문학은 세상 사람들이 살아가는 구체적인 모습을 통해 삶의 본질적인 의미를 묻고 궁극적으로 어떻게 살아가야 할 것인가에 대한 해답을 찾아가는 여정에서 탄생한다. 또한 문학이 언어로 이루어지는 한에서는 문학 바깥의 삶도 없으며, 삶 바깥의 문학도 없다고 할 수 있다. 언어의 특별한 쓰임의 총체를 문학이라고 일컫는다면 문학은 삶의 핏줄을 타고 삶의 피돌기를 통하여 삶의 모든 영역들 넘나들기 때문이다. 그렇기 때문에 좋은 글이 독자의 심금을 투과하는 순간 독자의 가슴을 울리며 잠복되었던 리듬이 화들짝 튀어나오고, 혹은 전혀 예기치 않았던 선율이 새롭게 흘러나오게 된다. 텍스트를 마주하는 시간이 지금, 여기 살아 있음에 대한 황홀감을 느끼는 순간이다. 이때의 독자는 작중화자를 통해 마음이든 몸이든 한 순간 일치되는 충일감을 경험하게 된다.

그처럼 우리가 문학작품을 쓰고 읽는 행위도 정보를 얻거나 지식을 얻기 위해서라기보다 온몸과 마음을 다해 기쁨을 얻는 그 짧은 순간의 희열을 만끽하기 위해서이다. 그 정서적 만족감은 지적인 만족감에 비해 훨씬 인간적이어서 비로소 그 순간 우리가 사람임을 느끼게 된다. 사람답게 살아가고 있음을 재확인하는 순간, 오감이 모두 열려 저 깊은 심연에서 올라오는 자아를 만나게 된다. 그런 의미에서 문학은 어떤 학문보다도 가장 인간적인 것을 꿈꾼다 할 것이다.

이동이는 표현에 솔직하다. 문장 또한 살아있는 언어들의 배열로 박진감이 있어 독자를 끌어들이는 흡인력이 강하다. 게다가 섬세한 묘사력은 그러한 작품을 쓰는 데 크게 일조하고 있다. 작가가 문장 표현을 잘한다는 것은 가장 큰 장점일 것이다. 문학은 시나브로 변화하는 시공과 마음 작용의 기록이기 때문에 사물이 아니라 활동이며, 그 활동은 문장으로부터 시작되어 창조에 이른다.

2. 사랑을 짓는, 마음 길이 열리는 시간

'길'은 삶에서 중요한 역할을 하듯이, 문학에서도 보편적 소재로 다양하게 변주되어 쓰인다. 이동이의 수필 〈바늘 길〉은 모녀의 삶에 끼어든 순간적인 불온한 정서가 아이에게 어떤 상처를 남기고 그것을 어떻게 치유해 가는지의 과정을 보여주고 있다. 섬세한 묘사와 충분한 사유와 곰삭은 소재를 잘 버무린 좋은 작품은 독자에게 어떤 울림을 주는지 그 전범을 보고 있는 듯하다. 이런 작품을 만났을 때, 문학이 지녀야 할 형식적인 조건을 따지는 일이 무색해진다. 인간은 희극보다는 비극에서 더 큰 감동을 가져오고 더 강렬한 미학을 느끼게 된다는 것을 상기시켜주는 작품이다. 자식을 기르는 어머니로서 가장 아픈 이야기를 하는데도 오히려 그 슬픔에서 아름다움이 느껴지고 두 모녀의 마음이 숭고하게 여겨진다.

> 드르륵 …드르륵…. 재봉하는 딸아이의 손놀림이 섬세하고 민첩하다. 천을 뒤로 접었다가 말았다가 꺾어가며 한 땀 한 땀 촘촘히 사랑을 심는다. 다양한 색실을 갈아 끼우는 게 번거로울 텐데 요소요소 예쁜 무늬를 놓는다. 알맞게 시접 된 부분은 바늘이 수월하게 지나가지만 굴곡진 부분에는 손끝에 바짝 힘을 실어 들이민다.
>
> 신기한 일이다. 두 개의 천이 맞닿은 곳마다 바늘 길이 열린다. 그 길은 곧고 반듯하다. 마음길이기도 하다. 자칫 감정의 파고가 일렁일 때는 울퉁불퉁 모난 길이 되기 십상이다. 평온할

때와 혼란할 때의 심상을 확연하게 보여 준다. 딸아이에게 재봉하는 시간은 사랑을 짓는 일이기도 하다.

화자는 딸아이가 재봉하는 모습을 보고 사랑을 짓는 행위라고 생각한다. 제 아이들에게 입힐 점퍼와 집시치마에 이야기와 웃음을 섞어 재봉을 하기 때문이다. 손놀림이 민첩한 딸은 다양한 색실을 갈아 끼우며 한 땀 한 땀 예쁜 무늬를 놓아 선을 내고 있다. 선은 인간의 삶과 매우 유사한 철학을 담고 있다. 사람은 누구나 자신이 지나온 길을 뒤돌아보았을 때 그 길이 끊기거나 휘어진 곳 없이 하나의 선으로 반듯하게 이어지길 원한다. 그러나 그렇게 완전함을 원하는 것은 인간의 욕심일 뿐 어느 누가 완벽한 생을 살겠는가. 개개의 사람들은 그저 자신이 내고 온 길을 뒤돌아보며 끊긴 부분은 이어주고 비뚤어진 부분은 반듯하게 펴보려 노력할 뿐, 완벽하게 잘 이어진 선은 존재하지 않는다. 그래서 인생은 점선의 연장이라 하는데, 매 순간 하나의 작은 선을 갈무리하며 살아야 한다는 의미다. 우리는 실수도 하고 아픔도 겪고, 행운도 얻으며 나아가지만 실수한 시간조차도 그 점선 안에 그려지기 때문이다.

시접으로 모양이 잡힌 부분은 바늘이 수월하게 지나가고 그 길은 반듯하다. 반면 접은 천의 결이 고르지 못한 부분은 바늘이 쉽게 지나가지 못하고 바늘 길 또한 울퉁불퉁하다. 그 길은 다름 아닌 마음길이기 때문이다. 그래서 평온할 때에는 바늘 길 또한 반듯하고, 혼란스러울 땐 바늘 길도 들쑥날쑥해진다. 화자의 마음 또한 그러했다. 이토록 행복한 풍경을 맞닥뜨릴 때마다 화자는 눌러놓은 기억이 떠올라 슬프다. 그땐 왜 그랬을까.

> 그러던 어느 날 억누르고 있던 분노가 딸아이에게로 향했다. 그토록 애지중지하던 종이인형을 갈기갈기 찢어 비 내리는 마당으로 던져버렸다. 종이옷이 가득 담긴 상자도 통째 날려버렸다
>
> 겁에 질려 울음을 삼키던 아이는 젖은 종이인형을 제 손바닥에 올려놓으려 했지만, 빗물에 형체가 일그러져 아무짝에도 쓸모가 없었다. 아이의 허망했던 눈빛이 아직도 가슴을 저미는데 딸아이인들 어떻게 그 일을 잊을 수 있을까.

화자의 생에 과부하가 걸렸을 때 그녀는 가장 가까이 있으나

저항할 힘이 없는 딸아이에게 자신의 심적 고통을 폭발시키고 말았다. 인간은 불완전한 존재이다. 자식에게 가장 안전한 대상인 어머니조차도 불완전한 순간이 있다. 누구나 생에서 그러지 않아야 하는데 어쩔 수 없이 행해지는 실수가 있는데, 화자의 실수도 같은 맥락이지 싶다. 주변 환경에서 오는 억압이 더 이상 견딜 수 없는 상황에 이른 그는 자신을 살리기 위해 그 분노를 분출시킨다. 그것은 예기치 않은 일이었다. 후에 "딸아이와 공유하던 종이인형은 내면의 모순과 수시로 끓어오르는 불협화음을 불식시키기에 좋은 도구였다."고 말하지만 그 당시엔 이러저러한 상황을 이성적으로 생각할 겨를이 없었을 것이다. 딸아이와 함께 종이인형을 가지고 놀 때에 그녀는 아이가 되고 자신을 찾을 수 있었다고 말한다. 엄마는 오히려 딸아이를 통해 자신을 견뎌가고 있었다. 그래서 더욱 엄마의 가슴엔 "아이의 허망한 눈빛"이 깊게 새겨져 있다. 그것이 어미의 마음이다.

왜 힘들게 재봉을 하느냐고 물으면 바늘 길 따라 촘촘히 사랑을 심는 일이 마냥 즐겁단다. 누구에게나 자신의 마음속에 가슴 벅찬 환희나 죽을 만큼 고통스러운 사연 몇 개쯤은 가지고 있을 터이다. 아마도 딸아이는 그날 선명하게 각인된 기억을 소담하고 아련한 작업들로 꾸미고 어루만지며 살아가는 것만 같다.

시간이 흘러 그 딸이 엄마가 되어 재봉틀을 돌리고 있다. 촘촘한 바늘 길에 자신의 마음을 투사한다. 엄마와 함께 종이 인형을 가지고 놀던 어린 시절의 바느질 경험이 이제 사랑을 심는 재봉의 행위로 성숙해 있다. 엄마의 폭력적 행위에 대한 아이의 상처가 아직도 크게 남았다면 재봉 일을 거부하거나 꺼리게 될 텐데, 딸아이는 오히려 그 아픔을 승화하여 직접 바늘 길을 만들어 가고 있다. 재봉틀 앞에서 사랑의 길을 열고 있는 딸의 모습으로 모녀는 충분히 화해하고 상처가 치유되었음을 보여준다. 혹은 여전히 사랑의 길을 내며 건강하게 치유 중인지도 모른다. 상처는 극복하는 사람에 따라 그 사람의 내면을 강하고 건강하게 다져준다. 뿐만 아니라 자신 안의 열정과 능력을 확인하게 하는 계기가 되기도 한다. 두 모녀의 모습이 어떤 이들보다 더 따뜻하고 아름다워 보인다.

> 젖어버린 종이옷이 리드미컬한 재봉틀 소리에 춤추듯 다시 살아난다. 희고 고왔던 내 아이의 손. 이제 세 아이의 엄마가 된 딸아이의 손끝에서, 가슴 저리게 흐르듯 이어지는, 박꽃같이 환한 바늘 길을 본다.

어린 시절 빗속에 던져졌던 젖은 종이옷이 딸의 손을 통해 생명을 얻어 춤을 춘다. 거친 세상의 희로애락을 알지 못하던 아이의 손이 이제 세 아이의 어미 손이 되어 있다. 제 어미의 마음을 알만한 어른인 것이다. 그땐 그랬지 하며 아픈 자리를 쓰다듬어 어루만져 주지 않아도 충분히 아는 모녀다. 화자에겐 한 없이 아픈 이야기였을 수도 있는 이 소재가 한 편의 수채화처럼 아름답고 단아한 작품으로 승화되어 독자 앞에 있다.

문학은 삶을 넘나들지만, 결코 삶과 동화되지 않는 채로 삶과 길항한다. 길항하면서 삶의 문제점들을 들추어내고 보다 나은 삶을 꿈꾸게 한다. 이동이의 수필 〈바늘 길〉에서처럼 문학은 그 자신의 풍요로움으로 삶(화자)의 왜소함을 감싸고, 때로 문학은 그의 특수성으로 삶의 일반성에 저항한다. 그 점에서 문학은 삶을 향해 날아가는, 삶에 생채기를 내어 그 안에 새로운 피를 수혈하며 나아가는 예술이다.

---

* 이 글은 '수필과비평문학상' 작품해설 중 〈바늘 길〉 부분을 가져왔음.

미적 경험의 해석 방식

—이동이의 〈산귀래별서山歸來別墅 단상〉

허상문
(문학평론가, 영남대학교 교수)

〈산귀래별서山歸來別墅 단상〉은 산귀래별서에 있는 스승의 문학비 제막식에 참석하는 화자의 에피소드를 중심으로 전개된다. 산귀래별서로 가는 길을 작가는 이렇게 묘사한다.

> 산귀래별서로 오르는 길은 야생화 꽃길이다. 선뜻 부는 바람결에도 향기가 묻어났다. '산귀래'는 망개떡에 사용되는 청미래덩굴

의 옛말로 산으로 돌아간다는 뜻이고, '별서'는 별장을 겸한 농막의 옛 이름이다. 이름이 가진 의미대로 자연의 품을 온전히 내준다. 둔덕마다 알록달록한 꽃들의 향연이 펼쳐지고 초록 생명들도 자리 잡는다. 잔디의 폭신한 질감과 풀의 기운들이 발끝으로 전해오자 온몸에 푸른 물이 돋는다. 나 역시 한 가닥 풀잎이다.

'산귀래'는 망개떡에 사용되는 청미래덩굴의 옛말로 산으로 돌아간다는 뜻이고 '별서'는 별장을 겸한 농막의 옛 이름이라고 화자는 설명한다. 야생화 꽃길로 치장된 산귀래별서에 이르는 길은 아름답다. 산귀래별서로 가는 길에 화자의 온몸에는 푸른 물이 돋고 자신도 한 가닥 풀잎이 된다. 작가에게 자연은 훌륭한 미적 묘사의 대상이 된다. 자연과의 만남은 일차적으로 추상의 대상에서 구체성을 띤 만남으로 변이된다. 우리의 미적 경험이란 대상과 만남에서 추상적 관념들이 배제되고 구체적 인식을 이루는 과정을 이루게 된다. 말하자면 우리의 정신 작용으로 이루어지는 미적 인식은 주관이 미적 대상을 직접 파악하는 정신작용을 말한다. 따라서 대상을 미적으로 경험한다는 것은 미적 대상을 위해 지향하는 바를 인식하고 수렴하는 총체적 과정이다.

〈산귀래별서山歸來別墅 단상〉에서 작가가 일차적으로 만나게 되는 자연은 미적 인식의 대상으로 받아들여지지만, 자연과의 만남을 통하여 작가는 예사롭지 않은 미적 경험을 이루게 된다.

> 복사꽃은 저 홀로 농염하고 조팝나무는 순백의 옷을 걸쳤다. 봄비에 불쑥 자란 풀은 꽃나무 밑을 치받으며 오른다. 양귀비와 달맞이꽃이 이웃해 있고, 적당한 곳에 질펀하게 앉은 비비추와 호스타가 멋스럽다. 금낭화와 초롱꽃은 무리지어 있을 때 더 생기가 난다. 아직 꽃 피우지 못한 야생화가 조바심을 치는지 땅심이 느껴진다. 저마다의 소리 없는 몸짓에서 역동성을 본다.

야생화들의 소리 없는 몸짓에서 역동성을 느끼듯이, 자연의 아름다움이 주는 감각과 지각을 통해 화자는 존재에 대한 무의식적인 안식을 이루게 된다. 이때의 인식은 다양한 목적에서 일어날 수 있다. 그 목적은 존재와 세계에 대한 깨달음일 수도 있고, 새로운 삶에 대한 인식이며 향수일 수도 있다. 작품에서 화자가 자연의 아름다움으로부터 받게 되는 감각과 지각양식은 새로운 지적 정신적 인식으로 전화되어 간다. 그리하여 스승의 문학비에 새겨져 있는 "내 삶의 배경이/ 아름다워지길 원한다면/ 먼저 이웃의 삶에/ 아름다운 배경이 돼야 할 것이다./ 나는 어느 누구를 위해서/ 아름다운 배경이 돼보았는가."라는 글귀는 화자에게 새로운 의미로 다가온다.

> 정신을 일깨우는 문장에 숙연해졌다. 돌아보면 자신에 대한 성찰보다 원망이 더 깊었다. 평소 내 생활의 원칙을 흔드는 소리에 혼란스러웠고, 착잡한 심정에 말문이 막힌 적이 있다. 누군가에게 아름다운 배경이 되고자 했는데 아니었던 것이다. 배려와 베풂이 능사가 아니었다. 상대의 정확한 마음을 헤아리지 못했다. 혼자만의 착각이었을 시간들이 못내 서럽고, 녹록지 않은 인간관계에 회한이 일면서 눈시울이 붉어졌다. 어리석은 자신을 깨치는 소리인 양 구절 구절이 가슴에 파고들었다.

화자는 문학비에 새겨져 있는 글귀를 통하여 존재에 대한 새로운 의미를 읽게 된다. 그동안 누군가에게 아름다운 배경이 되고자 하는 것으로 만족했던 생활 원칙을 새롭게 생각해 보고 배려와 베풂의 삶이 능사가 아니었다는 것을 깨닫는다. 문학비에 새겨진 "나는 어느 누구를 위해서/ 아름다운 배경이 돼보았는가."라는 구절이 화자를 자책케 한다. 화자는 새소리에 이끌려 잔디마당으로 나서서 전국에서 참여한 생면부지의 사람들과 손을 맞잡고 미소를 주고받으며 하나의 공동체로 어우러진다. 직접 가꾼 나물로 차린 시골 밥상을 나누며 서로를 끈끈하게 이어주는 사랑의 의미를 생각해 본다. 작가의 말대로 사람이나 식물이나 생존의 방식은 별반 다르지 않다. 서로의 기척으로 살아있음을 느끼며 삶에 대한 인식은 한 단계 더 성숙하고 발전하게 된다.

〈산귀래별서山歸來別墅 단상〉은 표면적으로 화자가 스승의 문학비 제막식에 참석하는 과정을 그려내고 있지만, 그 속에는 또 다른 심층구조가 은폐되어 있다. 작품은 후반으로 갈수록 존재론적 의미를 드러낸다. 서두에서 후반으로 나아가면서 작가는 자연의 상징구조와 존재론적 상징구조를 훌륭하게 배치하고 있다. 문학비 제막식에 가는 과정에서 화자는 일차적으로 자연의 미적 가치를 보면서 생명의 생동감과 생의 기쁨의 이미지를 우리에게 제시하고 있다. 여기서 더 나아가 작가는 이를 통하여 인간과 삶의 본질에 대한 천착을 이루고자 한다. 말하자면 작가는 자연에 담긴 질서와 조화에 대한 미적 관조를 통하여 인간관계와 삶에 대한 근원적 의문과 인식에 이르고자 한다.

그럼으로써 문학이란 씨앗 한 톨로 이루어 낸 수필공원에서 "사랑으로 충만한 목소리가 숭고한 아름다움과 고결한 예술혼"으로 녹아서 울려 퍼지는 미적 경험을 이루게 된다. 〈산귀래별서山歸來別墅 단상〉 읽기를 마치면서 우리는 다시 인간이란 무엇이며, 문학이란 무엇인가라는 원론적인 질문에 당면하게 된다. 이에 대한 구체적 논의는 이 자리에서 이루어질 수 없지만. 거칠게 말해 문학은 인간과 그들이 살아가는 모습을 성찰하고 반성하는 과정을 그려내는 것임은 분명하다. 이런 의미에서 흔히 삶 자체는 결국 하나의 문학적 과정이며 표현으로 이해된다. 그러므로 문학은 삶에 대한 해석이요, 삶에 대한 미적 경험은 문학의 또 다른 해석학이다. 〈산귀래별서山歸來別墅 단상〉에서 작가는 이런 사실을 우리에게 잘 보여주고 있다.

* 월간 ≪수필과비평≫ '다시 읽는 이달의 문제작' 중에서

이동이 제3수필집
비 내리고 그치다

인쇄 2019년 11월 27일
발행 2019년 11월 29일

지은이 이동이
발행인 서정환
펴낸곳 수필과비평사
주소 서울시 종로구 삼일대로 32길 36(익선동 30-6 운현신화타워) 305호
전화 (02) 3675-3885, (063) 275-4000 · 0484
팩스 (063) 274-3131
이메일 sina321@hanmail.net essay321@hanmail.net
출판등록 제300-2013-133호
인쇄 · 제본 신아출판사

저작권자 ⓒ 2019, 이동이
이 책의 저작권은 저자에게 있습니다. 서면에 의한 저자의 허락없이 내용의 일부를 인용하거나 발췌하는 것을 금합니다.
COPYRIGHT ⓒ 2019, by Lee DongIee
All rights reserved including the rights of reproduction in whole or in part in any form.
저자와 협의, 인지는 생략합니다.
잘못된 책은 바꿔 드립니다.

ISBN 979-11-5933-250-0 03810

값 13,000원

이 도서의 국립중앙도서관 출판예정도서목록(CIP)은 서지정보유통지원시스템 홈페이지(http://seoji.nl.go.kr)와 국가자료공동목록시스템(http://www.nl.go.kr/kolisnet)에서 이용하실 수 있습니다.(CIP제어번호: CIP2019047941)

Printed in KOREA

이 책은 경상남도 GYEONGNAM 경남문화예술진흥원 GYEONGNAM CULTURE AND ARTS FOUNDATION 의 문화예술지원금을 보조받아 발간되었습니다